Übersichtskarte Kanarische Inseln 1 : 2 500 000

0 20 40 60 80 100 km

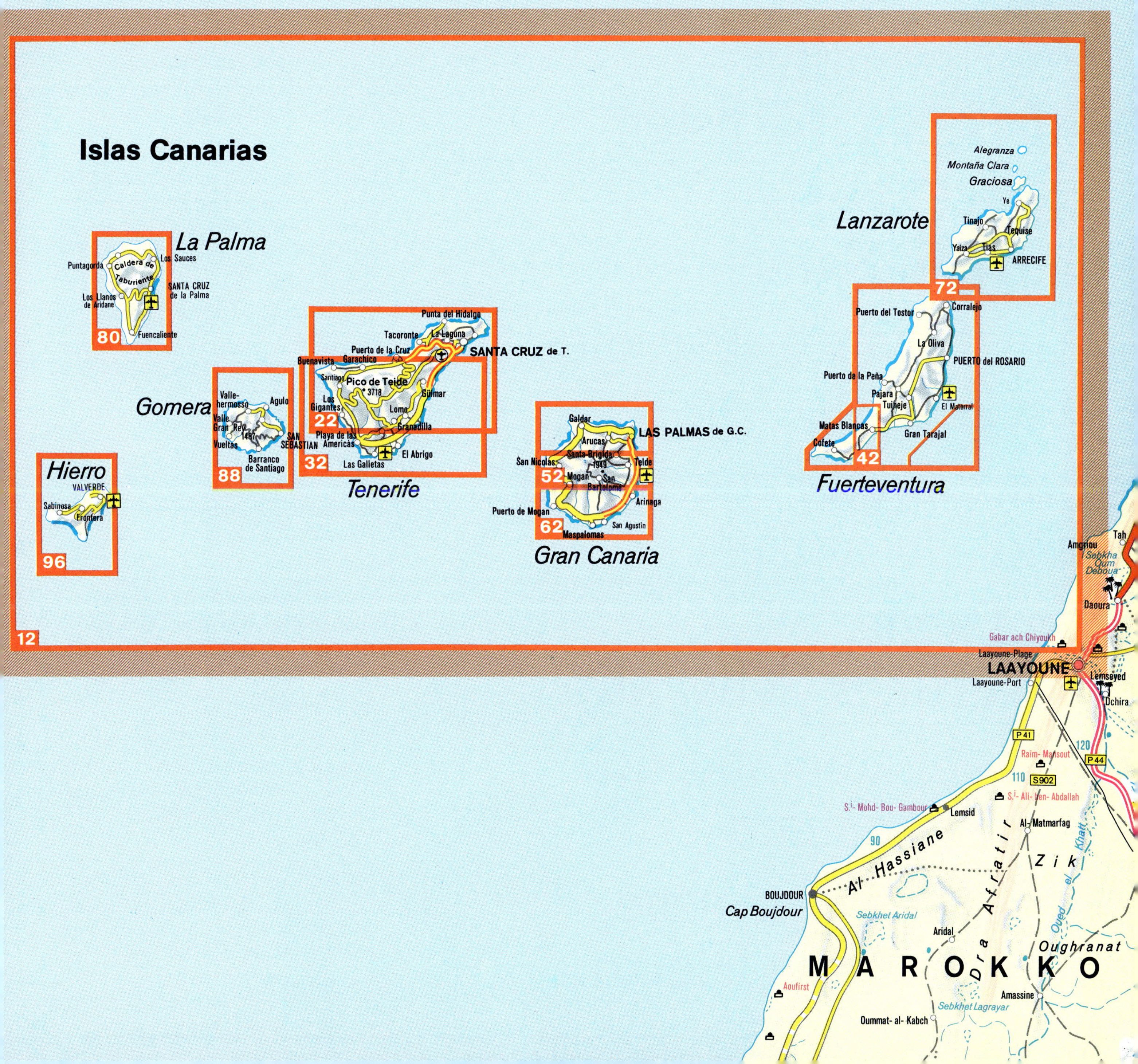

Inhaltsverzeichnis

Wasser und Sonne:
Hotelgäste
in Corralejo
auf Fuerteventura

Zeichenerklärung für den Autoatlas

Verkehr

- Autobahn
- Mehrbahnige Autostraße
- Wichtige Hauptstraße
- Hauptstraße/Nebenstraße
- Fahrweg
- Karrenweg, Fußweg
- Straßen im Bau
- Straßenzustand: staubfrei
- Straßenzustand: nicht staubfrei
- Straßennumerierung — 717
- Entfernungen in km — 2 · 4 9 4 · 8
- Landschaftlich schöne Strecke
- Eisenbahn (mit Bahnhof und Haltepunkt)
- Autofähre (Schiffahrtslinie mit Autotransport)
- Fluglinie
- Flughafen
- Flugplatz

Sehenswürdigkeiten

- Wo gibt es was? - Hinweis
- Besonders sehenswert — Caldera de Bandama
- Sehenswert — La Atalaya
- Sonstige Sehenswürdigkeit — * Parque * Museo
- Aussichtspunkt
- Höhle
- Burg - Ruine
- Schloß - Ruine
- Kirchen - Ruine
- Kloster - Ruine
- Kapelle
- Denkmal
- Turm
- Leuchtturm
- Windmühle
- Windrad

Touristeneinrichtungen

- Hotel, Restaurant
- Schutzhütte
- Campingplatz
- Heilbad
- Badestrand

Sonstiges

- Bergwerk
- Boots- und Yachthafen
- Ankerplatz mit Versorgung
- Ankerplatz ohne Versorgung
- Paß mit Höhenangabe (m) —)(181
- Wald

Inselwelt zwi

Wie farbenprächtig, manchmal sogar exotisch bunt sich die Kanarischen Inseln auch geben, ›Grundbaustein‹ aller ist die dunkle Lava der Vulkane, die sich besonders auf Lanzarote so eindrucksvoll darbieten. Gemeinsam ist der kanarischen Inselwelt – die alle Klimazonen der Erde, bis auf die arktische natürlich, aufweist – das milde Klima, das sie so beliebt gemacht und ihnen den Titel ›Inseln des ewigen Frühlings‹ eingebracht hat.

Foto: Hinter der einfachen Architektur der Kirche von Sóo auf Lanzarote erhebt sich das Famaragebirge.

:chen Feuer und Wasser

Farbenfreudig und mit viel Musik werden die Feste auf den Kanarischen Inseln gefeiert. Die meisten ›Fiestas‹ – einmal abgesehen von den Veranstaltungen für die Touristen – sind religiösen Ursprungs, gelten einem der vielen Inselheiligen. Sie beginnen daher überwiegend mit einem religiösen Teil, einer Prozession beispielsweise, dem sich dann die ›weltlichen‹ Vergnügungen anschließen. Dazu kommen häufig noch inseltypische sportliche Veranstaltungen, hin und wieder auch gerahmt von einem Publikum in traditioneller Tracht.

Foto: Einen großen Stellenwert hat der Karneval – hier auf Teneriffa –, der vielfach an den in Südamerika erinnert.

An den Kanarischen Inseln scheiden sich die Geister: Für die einen sind sie schlicht das Paradies, für die anderen ist der Name gleichbedeutend mit totalem Tourismus. Es gibt beides, den rundum organisierten und alles bietenden Urlaub in einem der riesigen Ferienzentren und ein wenig abseits oder im Inselinneren das entgegengesetzte Bild. Von wenig besucht bis Einsamkeit reicht dort das ›Angebot‹, speziell auf den touristisch noch nicht so erschlossenen drei kleinen Inseln.

Foto: Der Sahara verdankt Fuerteventura seine paradiesischen Strände wie die Jandía Playa.

Maßstab 1:2 500 000

0 20 40 60 80 100 km

Wo gibt es was?

Die Kanarischen Inseln

›Dort ist kein Schnee, kein Winterorkan, kein gießender Regen. Ewig wehn die Gesäusel des leiseatmenden Westes, welche der Ozean sendet, die Menschen sanft zu kühlen...‹ Mit diesen Worten beschrieb der griechische Dichter Homer vor rund 2800 Jahren in seiner ›Odyssee‹ die Gefilde der Seligen, die westlich der ›Säulen des Herkules‹, Gibraltars, lagen. Waren die Kanarischen Inseln gemeint?
Bereits im Altertum übte die Inselgruppe eine geheimnisvolle Anziehungskraft auf Dichter, Philosophen und Eroberer aus. Für Platon waren die Inseln Reste des untergegangenen Atlantis, für Homer und Plutarch die Inseln der Seligen, das Reich der Toten. Entdecker und Eroberer, Sklavenhändler und Wissenschaftler kamen hierher. Und jeder hat auf seine Art dazu beigetragen, daß wir heute bei der Nennung des Inselnamens sofort an Klischees denken. An das des ›Ewigen Frühlings‹ beispielsweise, an feine Sandstrände und vor allem an eine garantiert strahlende Sonne.
Sie ist zum kanarischen Markenzeichen geworden, zum Magneten einer Inselwelt, die noch vor 500 Jahren am Rande des Erdkreises lag, wo die Menschen unverändert in der Steinzeit lebten, während in den Ländern, aus denen nun die Gäste kommen, bereits die Glocken in den gotischen Kathedralen läuteten.

Aus Feuer und Meer geboren

Der gesamte Archipel – zwischen dem 27,5. und 29,5. Breitengrad (auf gleicher Höhe mit Florida, Nordägypten oder dem Himalaja) gelegen – verdankt seine Existenz dem Vulkanismus. Mit rund 38 Millionen Jahren ist Fuerteventura die älteste, mit ihren drei Millionen Jahren Hierro die jüngste der ›Islas Canarias‹. 1971 meldete sich zum letzten Mal ein Vulkan zu Wort, auf La Palma. Obwohl gleichen Ursprungs, zeigt jede der Inseln ein eigenes, unverwechselbares Gesicht. Größte ist Teneriffa (2057 qkm und etwa 590000 Einwohner), gefolgt von Fuerteventura (1731 qkm und gut 30000 Einwohner), Gran Canaria (1532 qkm und gut 670000 Einwohner), Lanzarote (795 qkm und gut 50000 Einwohner), La Palma (728 qkm und knapp 70000 Einwohner), Gomera (378 qkm und knapp 20000 Einwohner) sowie Hierro (277 qkm und gut 6000 Einwohner). Kleinste bewohnte Insel ist Graciosa mit 27 Quadratkilometer. Während Afrika (Marokko) keine 100 Kilometer von Fuerteventura entfernt ist – eine Entfernung, die der Flugsand aus der Sahara übrigens mühelos überwindet –, liegt das spanische Mutterland rund 1100 Kilometer weit weg.

Drei Jahrtausende Geschichte

Die vorspanische Geschichte des Archipels liegt weitgehend im dunkeln. Recht unzuverlässig sind die antiken Quellen. Um 25 v. Chr. mißlangen mauretanische Eroberungsversuche. Tausend Jahre später wurden die Inseln wiederentdeckt: von arabischen Seefahrern, vornehmlich Sklavenjägern. 1312 landete Lanzarotto Malocello aus Genua auf Lanzarote. 1402 begann die (spanische) Eroberung auf eben dieser Insel; 1496 endete sie auf Teneriffa. Zwei weitere Daten: 1817 wurde die Universität von La Laguna gegründet, und 1936 entfachte General Franco in Santa Cruz de Tenerife den Spanischen Bürgerkrieg. Da die spanischen Eroberer den Großteil der altkanarischen Kulturzeugnisse zerstört haben, bleiben Herkunft und Leben jener Menschen weiter geheimnisvoll. Sicher ist, daß die Altkanarier in der einwandernden Bevölkerung aufgingen. Die heutigen ›Canarios‹ unterscheiden sich von Insel zu Insel sehr. Verschlossen können die Bewohner von Fuerteventura und Gomera sein, aufgeschlossener die von Lanzarote und Hierro. Ein Versuch, wie stolpernd auch immer, mit ihnen ins Gespräch zu kommen, kann Wunder bewirken. Allen gemeinsam aber ist ihr Fleiß, ihre Freude an Essen, Gesang, Wein und Feiern.

Küche und Wein

Die Urbevölkerung ernährte sich von nichts anderem als ›Gofio‹ (Teigmischung, heute aus Gerste, Mais und Weizen), gedämpftem Fleisch, Butter und Milch. Die wesentlichen Bestandteile heute sind Fisch (Pescado), Kartoffeln (Papas), Zwiebeln (Cebollas), Kichererbsen (Garbanzos), Knoblauch (Ajo), Ziegenkäse (Queso blanco) und Gemüse. Traditionelle Gerichte der kanarischen Küche – vom Ursprung her eine Bauernküche, einfach, kräftig und reichlich – sind ›Puchero canario‹ (kanarischer Eintopf mit verschiedenen Fleischsorten), ›Sopa de pescado‹ (Fischsuppe), ›Gofio‹, Ziegenfleisch, Huhn und Fisch in jeder Form: getrocknet, gegrillt, gebakken, gedünstet, gekocht.
Ein beinahe klassisches Gericht, das es so gut wie in jedem ›Restaurante‹ gibt und bei dem es nicht viel verkehrt zu machen gibt, ist ›Pescado a la plancha con papas arrugadas‹: Ein Meerwasserfisch, meist der schmackhafte Viejas, wird auf einer befeuerten Eisenplatte gebacken. Serviert werden dazu ›Ensalada mixta‹, ein Salat aus Tomaten, Zwiebeln und Oliven, sowie die runzlig in Salzwasser gekochten Kartoffeln. Dazu ›Mojo verde‹ oder ›Mojo picon‹, eine pikante Soße, die aus sechs verschiedenen Kräutern mit reinem Olivenöl und Weinessig zubereitet wird. Die ›Mojo‹ sollte würzig und nach Knoblauch riechen. Von der Güte dieser für die Inseln so typischen Zutat läßt sich auch auf das ›Restaurante‹ schließen. Beliebt sind die ›Tapas‹, kleine Appetithappen, die es in zahlreichen Bodegas und Bars gibt: ›Estofado‹ beispielsweise (Schmorbraten mit Gemüse), ›pulpo a la gallega‹ (Tintenfisch), ›Ensalada rusa‹ (russischer Salat), ›Jambon serrano‹ (geräucherter Schweineschinken) oder ›Calamares fritos‹ (gebackener Tintenfisch).
Auf allen Inseln, außer Fuerteventura, wird Wein angebaut. Am bekanntesten ist der Malvasier von Lanzarote, am bekömmlichsten der von La Palma, eine Rarität der von Hierro. Die meisten Weine werden von den Winzern oder Wirten auf ›Trinkqualität‹ verschnitten. Nicht jeder Kopf verträgt dann diese ›Mischungen‹: Die Kellereien sind daran schuld, daß die ›Canarios‹ immer mehr zu einem Volk von Biertrinkern werden. Die alljährlich um etwa zehn Prozent steigenden Preise, nicht nur in den Restaurants, haben längst deutsches Niveau erreicht. Ein Grund mit: Der größte Teil der Nahrungsmittel für die Millionen Touristen muß teuer aus aller Welt eingeführt werden.

Die Urlaubsinseln

Knapp vier Millionen Touristen besuchten im vergangenen Jahr die Inselgruppe im Atlantik. Alle europäischen Nationen sind in den Urbanisationen vertreten. Mit regionalen Unterschieden: Die Engländer zieht es besonders nach Teneriffa, während die Deutschen gerne nach Gran Canaria fahren. Überdurchschnittlich viele Norweger trifft man auf Lanzarote, Fuerteventura dagegen ist wieder zu 90 Prozent in deutscher Hand.
So abwechslungsreich die einzelnen Ziele auch sind, so unterschiedlich sind auch die Motive, hier die Ferien zu verleben. Fuerteventura und der Süden von Gran Canaria eignen sich, dank der weiten Strände, ideal zum Badevergnügen. Wer nach Lanzarote reist, weiß, daß er nur wenige Strände findet, dafür aber eine beeindruckende Vulkanlandschaft. La Palma und Hierro sind für diejenigen interessant, die Spaß am Entdecken von faszinierenden Landstrichen haben. Was auch für den Norden von Teneriffa oder Gomera gelten kann.

Teneriffa, In

Der Süden, Wärme, Nichtstun, auf allem liegt Sonnenglanz. Was wäre Teneriffa ohne sein ausgeglichenes Klima, ohne die Kraft der Sonne? Und so ›vermarktet‹ man das, was man im Überfluß hat: zu jeder Jahreszeit eine milde Temperatur. Aus Fischerdörfern wurden schnell Hotelstädte, aus Bauern Supermarktbesitzer, aus Fischern Animateure. Und aus der Zwischenstation zur ›Neuen Welt‹ eines der beliebtesten Reiseziele.

Foto: Brandung hinter dem Pool – Sonnen- und Badeleben in Puerto de la Cruz.

-el auf der Sonnenseite

△ Puerto de la Cruz in der Calle de Perez Zamora: Gitarrenmusik gehört am Abend dazu

Fischerhafen Puerto de la Cruz ▽

Aufwendige Kostüme sind zu sehen: Der Karneval ist das große Jahresereignis der Bevölkerung ▽

Mit südamerikanischem Flair: Karneval in Puerto ▽

△ Ferienort am Meer, dahinter Gärten: Puerto de la Cruz

△ Die Kapelle San Telmo an der Promenade in Puerto . . . . . . und die mächtige Kathedrale ›La Conceptión‹ in Orotava ▽

Als gäbe es den ewigen Frühling: Teneriffa

Land der Düfte‹ wurde Teneriffa im Altertum genannt und auch ›Insel des ewigen Frühlings‹. Warm liegt die Sonne an der ›Pforte der Tropen‹ auf Land und Meer, das der Insel zum gesündesten und ausgeglichensten Klima der Welt verhilft. Ein einziger botanischer Garten – mit Ausnahme in den Höhen der Cañadas. Wer den Weg bis zum Gipfel des Pico de Teide geschafft hat, der kann darüber hinaus behaupten, so gut wie alle Klimazonen dieser Erde durcheilt zu haben. Ein Erlebnis, das man kaum irgendwo sonst nachvollziehen kann.

Erstaunter Gast: Humboldt

Als der Forschungsreisende Alexander von Humboldt 1799 bei seinem Stopp auf Teneriffa über das Orotavatal blickte (die großen glitzernden Wasserbehälter sind eine Zugabe unserer Zeit) und die sich im Passatwind wie Riesenwedel bewegenden Bananenblätter betrachtete, mußte er zugeben, ›. . . nirgends ein so mannigfaches, ein so anziehendes, durch die Verteilung von Fels und Grün so harmonisches Gemälde vor mir gehabt zu haben‹. Und daran hat sich erstaunlicherweise kaum etwas geändert.

Eine schwer bezahlte Eroberung

Erst 91 Jahre nachdem Lanzarote als erste der Kanarischen Inseln von den Spaniern erobert worden war, gelang es, endlich als letzte Teneriffa in ihren Besitz zu bringen. Beim feierlichen Dankgottesdienst gelobte der Konquistador Alonso Fernández de Lugo, daß er die Guanchen, die sich so lange und so hartnäckig gegen die Eindringlinge gewehrt hatten, nicht in die Sklaverei zu führen. Aber wie so üblich in der spanischen Kolonialgeschichte, wurden die Herrscher auch hier wortbrüchig. Die stolzen Guanchenfürsten wurden zur Belustigung des Pöbels als Jahrmarktsattraktion durch die spanischen Städte getrieben.

△ Eine kanarische Spezialität: schön geschnitzte Erker wie hier in der Calle San Juan von Puerto de la Cruz

△ ›El Drago‹ in Icod los Vinos

△ Icod: eine Prozession in der Palmwoche

△ Garachico: Das Kloster San Francisco mit seinem friedlichen Kreuzgang blieb von der Vulkankatastrophe im Mai 1706 verschont ▽

Karg ist die Landschaft auf dem Weg zur Punta de Teno ▽

›Faro de Teno‹ an der Westspitze ▽

<u>Stolz auf ihr Guanchenblut</u>
Bis heute hat sich das Idealbild der tapferen Guanchen auf Teneriffa erhalten. Die Bewohner der Insel, die Tinerfeño, gelten als stolzer und hochmütiger als die anderen Bewohner des Archipels. Trotz der Verschmelzung mit anderen Rassen findet man im Teno- und Anagagebirge noch Bewohner, die dem Idealbild eines Guanchen entsprechen sollen.

<u>Briefkasten für Venezuela</u>
Nachdem die Handelswege zum neu entdeckten Amerika gesichert waren, wurden Teneriffa und La Palma direkt der spanischen Krone unterstellt. Ihr stolzer Titel war ›Islas realengas‹, königliche Inseln. Der Handel mit Amerika machte die Inseln wohlhabend, wirtschaftlicher Aufschwung und Reichtum waren die Folge.
Santa Cruz, aber auch die Hafenstadt Garachico an der Westküste wurden Zwischenstationen der mit Schätzen beladenen spanischen Amerikafahrer. Das Gold und das Abenteuer lockten Tausende von Bauern, Seefahrern und Kaufleuten aus ganz Europa an. Sie alle spekulierten auf den schnellen Reichtum in der ›Neuen Welt‹.
Noch zwischen 1940 und 1975 wanderten mehr als 100000 Canarios nach Lateinamerika aus. Bis vor wenigen Jahren hing am Hauptpostamt von Santa Cruz ein Briefkasten, der nur für Post nach Venezuela bestimmt war.

<u>Bananendampfer auf Reede</u>
So viele Jahre ist es noch nicht her, daß die Matrosen der Liverpooler Bananendampfer ihre Heuer in den rosaroten Bars von Puerto de la Cruz verjubelten. Heute haben sie sich in spanische Spezialitätenrestaurants verwandelt, die versuchen, auch verwöhnten Ansprüchen gerecht zu werden.
Und das Fischerdorf, von dem aus immer noch die Männer mit ihren bunten Booten aufs Meer fahren, ist ein Urlaubszentrum mit internationalem Publikum geworden, das vor allem bei englischen Ladys beliebt ist.

△ Los Silos inmitten Bananenplantagen

Das Bergdorf Masca über Terrassenfeldern ▽

△ Pulsierendes Leben: Calle de Castillo in Santa Cruz

Strandleben auf herbeigeschifftem Saharasand: ›Las Teresitas‹ bei San Andrés ▽

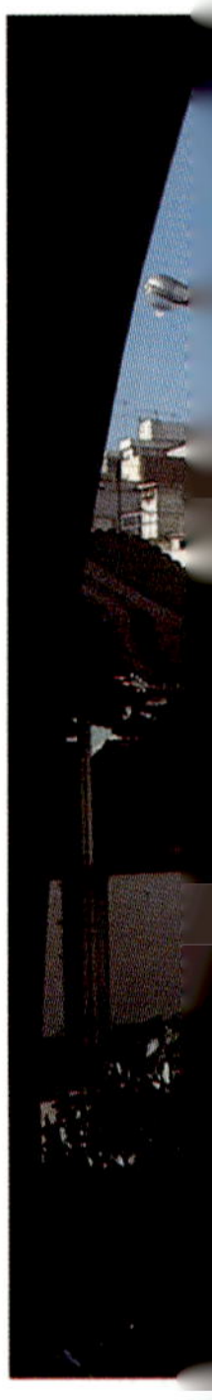

△ Santa Cruz de Tenerife gehört zu den großen Häfen der Welt

Der ›Mercado‹ von Santa Cruz ▽

Weit reicht der Blick vom Roque Negro über das Anagagebirge, den Norden der Insel Teneriffa ▽

Immer zum Feiern bereit

Der Karneval und die kirchlichen Feste, wie Himmelfahrt oder die ›Romería de San Isidro‹, werden ausgiebig gefeiert. Bekannt sind die Blumenteppiche von La Orotava, die nicht allein aus Blütenblättern bestehen, sondern auch aus Sand in dreizehn verschiedenen Farben, die in den Cañadas vorkommen.

Bei der ›Fiesta del Mar‹ in Puerto de la Cruz feiert die ganze Stadt ausgelassen – vom frühen Morgen bis in die späte Nacht, und die ganze kanarische Lebensfreude zeigt sich beim Karneval. Bei den Festen, die nicht für die Touristen veranstaltet werden, sieht man auch die verschiedenen Trachten der Bewohner.

Eine Fahrt ins Nebelland

Regelrecht in eine Waschküche versetzt fühlt sich, wer über die Paßstraße ins Anagagebirge fährt. Die Tour in das rund 10 Millionen Jahre alte Massiv, dessen Gipfel fast ständig von den feuchten Passatwolken umhüllt werden, gleicht einer Fahrt ins Ungewisse. Dann, wenn sich die milchigen Schleier plötzlich lichten, hat man einen phantastischen Blick auf die das Gebirge einschneidenden Barrancos und auf das Meer zu beiden Seiten.

Lieber einen Strand als Schulen

Spektakuläre Zugeständnisse an den Massentourismus sucht man in Santa Cruz vergeblich, wenn man von ›Las Teresitas‹ bei San Andrés absieht. Statt der dringend erforderlichen Schulen – die Analphabetenrate liegt mit acht bis zwölf Prozent mehr als doppelt so hoch wie auf dem spanischen Festland – ließ der Magistrat von Santa Cruz diesen Badestreifen aus Saharasand für mehr als acht Millionen Mark aufschütten.

In Santa Cruz versucht man, gediegenes Ambiente zu bewahren. Auf den Boulevards geht es nicht so hektisch zu wie im vier Schiffsstunden entfernten Las Palmas. Wenn der Tourismus auch der wichtigste Wirtschaftsfaktor der Insel ist, in der Hauptstadt Teneriffas spürt man wenig davon.

Maßstab 1 : 300 000 — 0 2 4 6 8 10 km

Wo gibt es was?

Fähnchennummer = Textnummer ⓘ = Auskunft

Taganana ①

Der Blick von der Paßstraße über das Anagagebirge ist faszinierend. Die Picknickplätze sind ausgeschildert, ebenso die Wanderwege durch den Mercedeswald. Mit bis zu 16 Prozent Gefälle geht es hinab nach Taganana. Der Ort ist bekannt für einen guten Wein, der an Fremde freilich teuer verkauft wird. Hinter Playa del San Roque und bei Playa de Benijo einige Badebuchten. In den namenlosen Kneipen von *Almaciga* bekommt man das zu essen, was die Fischer aus ihren Netzen geholt haben.

Santa Cruz de Tenerife ②

Im Schutz einer weiten Bucht liegt die Hauptstadt von Teneriffa (205000 Einwohner), zugleich auch Verwaltungssitz der gleichnamigen Provinz, zu der außer Teneriffa auch die Inseln La Palma, Gomera und Hierro gehören.
1492 landeten in dieser Bucht die spanischen Eroberer unter Alonso Fernández de Lugo; der endgültige Sieg gelang aber erst vier Jahre später. 1494 gründete de Lugo die Stadt Santa Cruz, die sich dreimal gegen englische Eroberungsversuche wehren mußte: 1657, 1706 und 1797 gegen Admiral Nelson, der dabei seinen Arm verlor – stolz zeigt man bis heute die seinerzeit zielsichere Kanone ›El Tigre‹. Die drei Löwenköpfe im Stadtwappen erinnern an jene drei Siege. Seit dem 18. Jh. hat der Hafen Weltrang; ihm und einer Raffinerie verdankt die Stadt ihre wirtschaftliche Bedeutung.
Santa Cruz ist keine Touristenstadt, dennoch aber einen Besuch und Einkaufsbummel wert. Hauptgeschäftsstraßen sind Bethencourt Alonso, Calle del Castillo und deren Seitengassen. Gemütliche Restaurants und Cafés findet man hier überall. Pulsierender Mittelpunkt ist die Plaza de España mit den ›Monumentos de los Caídos‹, die an den spanischen Bürgerkrieg (1936 bis 1939) erinnern. Schön die schattenspendende Avenida in Richtung Hafen. Das Archäologische Museum (Bravo Murillo; sonntags geschlossen) zeigt Interessantes (darunter Mumien) aus der Guanchenzeit. Die 1502 erbaute Kirche ›de la Concepción‹ (1652 wiedererrichtet) ist die älteste der Stadt mit kostbaren Barockarbeiten; in ihr das Kreuz, unter dem de Lugo die Inseln erobert hat. Renoviert wird die barocke ›Iglesia de San Francisco‹ (1680 und 18. Jh.), auf deren Platz drei mächtige Gummibäume stehen. Im ehemaligen Franziskanerkloster das ›Museo Municipal de Bellas Artes‹ (nur nachmittags geöffnet) mit Arbeiten auch kanarischer Maler.
Die schönste Parkanlage ist der Parque Municipal, der prachtvollste Boulevard die Rambla del General Franco. Jenseits des Barranco de Santos liegen der ›Mercado‹, die Markthallen der Stadt mit allen Gerüchen des Orients und Okzidents. Gefeiert werden die Heiligen Drei Könige am 5. Januar. Das Ereignis aber ist der Karneval in der zweiten Hälfte des Februar.
Das wohlhabende Fischerdorf *San Andrés* ist bekannt für seine guten Restaurants, die vor allem am Wochenende von den Bewohnern aus Santa Cruz besucht werden. Hinter dem Ort die knapp zwei Kilometer lange ›Playa de las Teresitas‹.
ⓘ Dirección General de Turismo, Palacio Insular, Avenida José Antonio Primo de Rivera, Santa Cruz de Tenerife.

La Laguna ③

Das 550 Meter hoch liegende La Laguna (110000 Einwohner) wurde 1496 gegründet und war bis 1723 Hauptstadt der Insel. Geistiges Zentrum von Anfang an, entstand 1817 die Universität. Die Bischofsstadt hat bis heute ihren altspanischen Kolonialstil bewahrt. Patrizierhäuser (16. bis 18. Jh.) mit wappengeschmückten Portalen, hohen Fenstern und holzgeschnitzten Balkonen erinnern an ruhmvolle Zeiten. Die Straßen sind eng und nicht für den Autoverkehr berechnet. Still der Garten des Dominikanerklosters (16. und 17. Jh.) in der Calle Santo Domingo, in dem ein Drachenbaum steht. Im spanischen Kolonialbarock der ›Palacio de Nava‹ (17. Jh.). Seit 1520 wird der ›Santísimo Cristo‹ im ›Santuario del Cristo‹ verehrt.
Am 1. Sonntag im Juli das prachtvolle Fest ›San Benito Abad‹.
ⓘ Oficina de Turismo, Avenida del Gran Poder 3, La Laguna.

Bajamar ④

Der Badeort (4000 Einwohner) ist vor allem bei deutschen Gästen beliebt (drei brandungsfreie Schwimmbäder). Im Dorf die renovierte romanische Kirche, in deren Nähe ein Festungsturm.
Von *Punta del Hidalgo* aus Wanderwege ins Anagagebirge.
Eine Straße durch Tabak-, Zuckerrohr- und Maisfelder führt zu der winzigen Feriensiedlung *Mesa del Mar* mit ihrem schwarzen Badestrand.

Puerto de la Cruz ⑤

Ursprünglich (zu Beginn des 17. Jh.) als Hafen für die Verschiffung des im Orotavatals angebauten Weins gegründet. In der Folge siedelten sich auch Fischer an. Um 1955 begann die Entwicklung vom Fischerdorf zum heutigen Ferienbad (40000 Einwohner). Beliebter Treffpunkt die Calle de San Telmo, an der sich auch das Meerschwimmbad ›Lido San Telmo‹ (Eintritt) befindet.
Die Plaza del Charco ist der Mittelpunkt; in den Seitenstraßen eine Vielzahl guter Restaurants. Unweit des Platzes, umsäumt von Lorbeerbäumen, der Hafen mit den bunten Fischerbooten. Am 2. Sonntag im Juli wird hier die ›Fiesta de la Virgen del Carmen‹ mit Umzug, Schiffsprozession und Feuerwerk ausgiebig gefeiert. Im ›Jardín Botánico‹ (1788 angelegt) blüht eine Vielzahl tropischer und kanarischer Pflanzen. Schöne Ausstattungen in der barokken Kirche ›de la Peña‹ (17. Jh.) und in der nach 1826 wiederaufgebauten Kapelle San Telmo (ursprünglich 1626).
Ähnlich La Laguna wurde *La Orotava* (35000 Einwohner) schachbrettartig angelegt. Bereits die Guanchen siedelten hier; die ältesten spanischen Familien Teneriffas haben ihre Paläste in dem Hauptort der prachtvollen ›Valle de la Orotava‹, über die man von der ›Plaza‹ einen weiten Blick genießt. In der Nähe, inmitten der schmalen und steilen Straßen, die Rokokokirche ›La Concepción‹ (1768–1788), wegen ihrer Schönheit 1948 zum Nationaldenkmal erklärt.
Bekannt die Blumenteppiche an Fronleichnam; am folgenden Sonntag die folkloristische ›Romería de San Isidro‹.
ⓘ Oficina de Turismo, Plaza de la Iglesia 3, Puerto de la Cruz.

Icod de los Vinos ⑥

Der wegen seines Weißweines bekannte, wohlhabend wirkende Ort wurde 1501 gegründet. Attraktion ist der Drachenbaum ›El Drago‹ (17 m hoch und 6 m Stammumfang); er soll 3000 bis 5000 Jahre alt sein. Prunkvoll der Barockaltar (17. Jh.) in der Renaissancekirche San Marcos (16. Jh.).

Garachico ⑦

Ein Teideausbruch zerstörte 1706 das einst wichtige Hafenstädtchen; auf dem erkalteten Lavastrom wurde es wiederaufgebaut. Erhalten blieb das ›Castillo de San Miguel‹ (16. Jh.; heute Heimatmuseum); die Kirche Santa Ana wurde im 18. Jh. wiedererrichtet. Volksfest zu Ehren San Roques am 16. August.
Über *Los Silos* mit seiner Kirche aus dem 17. Jh. gelangt man auf einer Geröllpiste zum Aussichtspunkt ›Don Pompeyo‹ und zum Leuchtturm ›de Teno‹.
Mitten im Gebirge das Bergbauerndorf *Masca;* kleinere Spezialitätenrestaurants und Ausgangspunkt für Wanderungen in wildromantischer Landschaft.

Ferienlan

So sehr die Herkunft der kanarischen Urbevölkerung auch heute noch im dunkeln liegt, die geologische Entstehung der Inselgruppe ist ausgiebig erforscht und gut bekannt. Der weithin sichtbare Vulkankegel des Teide ist Symbol dieser erdgeschichtlichen Entwicklung und gleichermaßen Wahrzeichen der größten Insel des Archipels. Er erhebt sich in dem uralten Krater mit riesigen Abmessungen, der heute die ›Mondlandschaft‹ des Nationalparks der Cañadas bildet. In seinen rund 2000 Meter hohen Rand gruben einst die Guanchen ihre Wohnhöhlen, zu seinen Füßen liegen heute Teneriffas modernste Urlaubsstätten.

Foto: Hinter den bizarren Felsen ›Los Rodeos‹ der Bergkegel des Teide.

im Schatten des Teide

△ Die ›Iglesia Santa Ana‹ vor dem Fischerort Candelaria

△ Intensive Landwirtschaft im Güimartal

Bananen, immer noch ein bedeutender Wirtschaftsfaktor ▽

△ El Médano ist ›Surf-City‹

Ein Luftkurort an der Pforte zu den Cañadas: Vilaflor mit seiner Kirche ▽

Ein Ferienort der Zukunft: El Médano an seiner weiten und flachen Bucht ▽

An der ›Carretera del Sur‹ sind bei El Rio diese Guanchenhöhlen zu finden ▽

Nur zur Hälfte ein tropisches Paradies

Mancher Reisende wird beim Landeanflug erschrocken aus dem Flugzeugfenster schauen – zumal, wenn er das erste Mal nach Teneriffa kommt. Wüstenhafte Brauntöne und karge Vegetation beherrschen das Bild: Teneriffa, mit fast allen Klimazonen der Erde gesegnet, zeigt sich im Süden von seiner ›trockenen‹ Seite. Kaum dem Flugzeug entstiegen, ist man mit dem eher reizlosen Bild versöhnt, denn es umschmeichelt einen unverzüglich ein sanfter und warmer Hauch, der Passat. Jahrhundertelang trieb der bei den Touristen so beliebte ›Säuselwind‹ ganze Flotten hinüber in die ›Neue Welt‹ – zurück gelangten sie in der weiter nördlich gelegenen und weitaus rauheren Westwindzone.

Der Ursprung liegt im dunkeln

Die Stetigkeit, mit der der Passat aus Nordosten weht, hat auch etwas Unerbittliches. Zu seinen ›Opfern‹ zählen wohl die Altkanarier, die Guanchen. Anthropologische Untersuchungen zahlloser gefundener Skelette haben ergeben, daß die Ureinwohner dem sogenannten cromagniden Typus angehörten, einer Menschengruppe, die vor rund 25000 Jahren aus dem Südwesten Frankreichs über die Pyrenäen bis nach Nordafrika gewandert ist. Für sie wurde eine Fahrt im Passatwind – freiwillig oder unfreiwillig – zu einer Reise ohne Wiederkehr. Manch einer hat sich wohl auf die Kanarischen Inseln retten können.

Sie waren ein Höhlenvolk

So wenig bekannt der Ursprung ist, von den Lebensumständen der Guanchen weiß man mehr. Hunderte ihrer Wohnstätten findet man noch auf Teneriffa: Tuffsteinhöhlen, sich tief in den Fels erstreckende Wohnsysteme, in denen Krieger und Fürsten, Vestalinnen und Priester lebten. Einige der Höhlen sind noch bewohnt. Andere wiederum Fund-

△ Auf dem Kraterrand der Cañadas liegt das astronomische Observatorium mit seinen Kuppelbauten

△ Der Teide, einmal (April-) schneebedeckt

△ Eine Seilbahn erschließt den phantastischen Blick vom Teidegipfel auf die Cañadas und die Passatwolken am Kraterrand ▽

△ Information über die Waldbrandgefahr

Aus der spanischen Staats-Hotelkette: der »Parador Nacional de las Cañadas«, höchstgelegenes Gasthaus ▽

Selbst für die letzten hundert Meter ist festes Schuhwerk anzuraten: unterhalb des Teidegipfels ▽

gruben für Archäologen, die dort Skelette, Keramik, behauene Steine und andere Zeugnisse der Ureinwohner finden, deren steinzeitliche Kultur von den Spaniern fast restlos vernichtet wurde.

Starke Position der Frauen
Aus den Aufzeichnungen des Dominikanerpaters Alonso Espino weiß man, daß Gleichberechtigung von Mann und Frau bei den Guanchen kein Thema war. Sie konnten heiraten, wen sie wollten, und bei einer Scheidung reichte allein, daß man sich ohne Förmlichkeiten trennte. Die Männer mußten zur Seite treten, wenn ihnen eine Frau entgegenkam, und ihre Augen senken. Nach der (Wieder-)Entdeckung der Inselgruppe sprach es sich schnell herum, wie stark und gut gewachsen die Guanchen waren. Immer mehr Piraten fuhren die Kanaren an, um Männer, Frauen und Kinder in die Sklaverei zu führen. Auf den afrikanischen, türkischen und westeuropäischen Sklavenmärkten machte man mit diesen Menschen gute Geschäfte – als Heiden, die sie waren, sogar mit dem ausdrücklichen Segen der Kirche.

Wo einst die Geier kreisten
Wer die Cañadas nicht erlebt, den Aufgang der Sonne dort verschlafen hat, die den Pico de Teide in glutrotes Licht taucht, der kann sich schwer vorstellen, wie sehr die Altkanarier den ›Pik‹ als heiligen Berg verehrten. Das Wort Teide oder Teyde wird aus der Guanchensprache abgeleitet. Ursprünglich hieß es Escheyde und bedeutete nichts anderes als Hölle. Denn der Dämon des Bösen, der ›Guayota‹, hatte seinen Platz im Teide, über dem bis vor wenigen Jahren noch die mittlerweile ausgestorbenen kanarischen Geier kreisten. Wurde der Teide zornig, so spuckte er Feuer und Lava.
Menschenleer und staubtrocken zeigt sich das Plateau dem heutigen Besucher. Bizarre Felsformationen, beispielsweise die oft fotografierten ›Los Roques‹, die sogenannten Eier des Teide oder der Schuh der Königin, geben an, wie

△ Die Hafenmole umschließt auch den Strand: Los Cristianos mit seinen Hotelbauten

△ Las Americas: . . .

△ Playa de las Americas: Urlaub voll organisiert . . .

. . . und zum Strand nur wenige Meter ▽

. . . die künstliche Ferienanlage mit ihrer Promenade ▽

Platanen spenden Schatten: Allee in Adeje ▽

Im Aufbau: Die Ferienanlage Los Gigantes wird einmal ihrem Namen entsprechen ▽

abenteuerlich und fremdartig die flüssige Lava die Urlandschaft zu gestalten wußte. Im wechselnden Schein der Sonne schillert das Gestein von Giftgrün bis zu Glutrot, von Elfenbeinweiß bis zu Blauschwarz.
Heute befürchten Geologen keinen Ausbruch des Teide mehr – die letzte Explosion ereignete sich 1909 –, da sich der flüssige Magmastrom bereits ›hinter‹ La Palma auf den offenen Ozean zubewegt.

Ein teuflischer Ausflug
Wo immer man sich auf der Insel auch befindet, den Pico de Teide verliert man (fast) nie aus den Augen.
Wandert man jedoch durch die Höllenschlucht, den ›Barranco del Infierno‹, so kommt man an Stellen vorbei, die noch nie von der Sonne bestrahlt worden sind. Der Ausflug in die Schlucht, in der sich früher die Guanchen vor ihren Verfolgern verbargen, ist von romantischer Art und nur für Schwindelfreie.

Sonne bringt Wohlstand
In den letzten zwei Jahrzehnten hat der Tourismus aus dem staubigen Fischernest Los Cristianos eine wohlhabende Gemeinde gemacht. Die Straßen sind gepflastert, die Promenade ist gefliest. Gerade weil die Strände nicht mit denen von Fuerteventura oder Gran Canaria konkurrieren können, werden sie regelmäßig überprüft, saubergemacht. Denn die Kritiken, die alle Jahre wieder in der Tageszeitung von Teneriffa auftauchen, nimmt man sich (ganz, ganz langsam) zu Herzen. Seinen Wohlstand verdankt der Ort der Sonne und dem Umstand, daß, wer hierher reist, nichts anderes sucht als vierzehn Tage sonnigen Strandurlaub.
Diesen Kanaren-Reisenden – über die sich die Taxifahrer so sehr beklagen, weil sie sich nicht die Mühe machen, eine (Taxi-) Inselfahrt zu unternehmen – ist auch Las Américas zugedacht: eine Ferienstadt mit allem Drum und Dran, die der Urlauber nicht zu verlassen braucht – außer eben zu einem Ausflug.

Maßstab 1 : 300 000 — 0 2 4 6 8 10 km

Wo gibt es was?

Fähnchennummer = Textnummer

Candelaria ①

Auf die Kirche Santa Ana (18. Jh.) des kleinen Fischer- und bedeutenden Wallfahrtsortes schauen die Statuen der letzten Guanchenkönige. Alljährlich am 14. und 15. August findet hier das Fest ›Romería de la Virgen de Candelaria‹ statt. Der Legende nach wurde 1390 eine (1830 ersetzte) Madonnenstatue angeschwemmt (rund 100 Jahre vor der spanischen Eroberung).
Am 26. Juli die ›Fiesta de la Santa Ana‹, das Annenfest, mit Musik und Folklore.

Güimar ②

In vorspanischer Zeit war Güimar (15000 Einwohner) Sitz der Menceys, der Guanchenfürsten; heute Zentrum des fruchtbaren Tals gleichen Namens. Vom ›Mirador de Don Martin‹ ein schöner Blick über das grüne Tal.

Arico ③

Landschaftlich reizvoll gelegenes Bergdorf; am Marktplatz die Kirche San Juan Bautista (17. Jh.). Serpentinenreich die Straße zum Fischerdorf *Poris de Abona* (Meeresangeln).
An der ›Carretera del Sur‹ in Richtung *El Rio* sieht man noch die Reste von ehemaligen Wohnhöhlen, die bereits von Guanchen bewohnt worden sind. Heute werden die Höhlen als Lagerräume genutzt, wurden Türen an den Eingängen angebracht. Offene Höhlen gibt es bei *Las Palomas.*

El Médano ④

Hier beginnt das Feriengebiet von Teneriffas Süden, das El Médano, Las Galletas, El Palm-Mar, Los Cristianos und Las Américas umfaßt und einmal die touristische Bedeutung eines Puerto de la Cruz erlangen soll. In El Médano ist der schönste natürliche Sandstrand der Insel zu finden; allerdings meiden ihn die meisten Badegäste wegen des oft harten Windes. So wurde das Dorf zu einem Treffpunkt für Surfer: In ›Surf-City‹ werden regelmäßig Regatten in der Bucht ausgetragen, in der 1519 Fernándo de Magellan die Anker zur ersten Weltumsegelung lichten ließ.
Zu einem kulinarischen Ziel hat sich das Fischerdorf *El Abrigo* entwickelt: Etwa ein Dutzend Restaurants, die sich vor allem auf Fischgerichte spezialisiert haben, sind hier zu finden.

Los Cristianos ⑤

Ein breiter Streifen von Hotel- und Appartementhochhäusern umschließt das alte Fischerdorf. Den knapp 100 Meter breiten Sandstrand (am Hafenbecken) säumt eine weitläufige Promenade. Für Liegestühle und Sonnenschirme muß bezahlt werden, Duschen oder Toiletten sucht man dagegen vergebens. Zweimal täglich legt die Fähre nach Gomera ab; Angelfahrten starten nach Bedarf.
Im Laufe der nächsten Jahre wird Los Cristianos mit der benachbarten *Playa de las Américas* zusammengewachsen sein. Appartement- und Hotelhochhäuser bestimmen die Skyline dieses erst 1966 gegründeten Badeplatzes. Das Ferienziel mit seinen rund 25000 Betten wird an 350 Tagen von der Sonne verwöhnt. An der kilometerlangen gefliesten Strandpromenade reihen sich Restaurants, Bars, Boutiquen und Supermärkte. Ein Ende des Baubooms ist noch nicht abzusehen, denn der Ausbau sieht 50000 Betten vor.
Die schmalen Badestrände, zumeist künstlich aufgefüllt, sind bereits jetzt überfüllt – vor allem am Wochenende, wenn spanische Familien zum Picknick kommen.

Adeje ⑥

Das Bergdorf ist Ausgangspunkt für Wanderungen in den ›Barranco del Infierno‹. Die Felsen in der sogenannten Höllenschlucht sind dicht bewachsen und lassen kaum einen Sonnenstrahl durch. Am Ende der Schlucht ein Wasserfall.
Am Rand des Ortes der zur Festung ausgebaute Gutshof ›Casa Fuerte‹ (erkennbar an der Kanone). Hier residierte die einst mächtigste Familie der Insel: Die Pontes besaßen Zuckerrohrfelder und Hunderte von Sklaven. Die Hauptstraße säumt eine Allee von Lorbeerbäumen. An ihr die Kirche Santa Ursula mit schöner Holzdecke (16. Jh.).

Puerto de Santiago ⑦

Die belebte Küstenstraße führt an hinter hohen Betonmauern versteckten Bananenplantagen vorbei und schlängelt sich durch den Fischerort. Die alten Häuser sind noch in den Steilhang gebaut. Der schöne schwarze Lavastrand ›Playa de la Arena‹ macht seinem Namen Ehre. In der Bucht dümpeln die Boote.
Emsige Bautätigkeit rund um den Yachthafen *La Punta los Gigantes;* hier entsteht ein neues Ferienziel. Bootstouren zu den rund 500 Meter hohen, fast senkrecht zum Meer abfallenden Felsen ›Los Gigantes‹.
Von der Straße in Richtung Tamaimo ein herrliches Panorama über das Land und bis hin nach Gomera.

Vilaflor ⑧

Mit 1476 Meter ist dies der höchst gelegene spanische Ort. Vilaflor, auch Luftkurort, ist bekannt für sein Mineralwasser und den Malvasier. Eine Spezialität auch die ›Vilaflor-Spitzen‹, die hier geklöppelt werden. In der Kirche San Pedro eine Alabaster-Statue des heiligen Petrus (16. Jh.). Ausflugsziel sind die dichten Kiefernwälder.
Zum Schönsten, was Teneriffa zu bieten hat, zählt eine Fahrt in die Cañadas und weiter auf die Spitze des Pico de Teide, des höchsten Berges Spaniens (3715 m). Über serpentinenreiche Straßen gelangt man entweder über Vilaflor oder Aquamansa zum rund 2000 Meter hoch gelegenen Nationalpark ›Cañadas del Teide‹. Das ›Centro de Visitantes‹ vermittelt einen Eindruck über Entstehung und Beschaffenheit des größten Kraters der Welt, gibt Einblicke in seine Pflanzen- und Tierwelt. Sechs Kilometer vom Besucherzentrum entfernt befindet sich das ›Observatorio y Astronomico de Teide‹. Im Sommer 1985 wurde dieses europäische Institut, an dem auch die Bundesrepublik beteiligt ist, eingeweiht. Das wissenschaftliche Zentrum dient der Erforschung des Weltraumes. Die Fahrt durch den Krater mit seinen Lavafeldern, die in den Farben Ocker, Schwarz, Gelb oder Rot leuchten, ist überaus beeindruckend. Der Durchmesser des Kraters beträgt zwölf, der Umfang rund 70 Kilometer.
Von der Talstation kann man in zehn Minuten zur Bergstation Rambleta schweben. Von dort aus sind es noch rund 200 zum Teil beschwerliche Meter bis zum Kraterrand und Gipfelkreuz des Teide. Ein (kostenpflichtiges) Diplom bestätigt den Aufstieg. Der Gipfel des Vulkans ist auch zu Fuß zu erobern. Eine Übernachtung in der Schutzhütte Alta Vista (3260 m) muß man dabei einkalkulieren (Verpflegung selber mitbringen!). Die Tour auf ausgeschilderten Wegen erfordert kein bergsteigerisches Können.
Unweit der markanten Felsformation ›Los Roques‹ steht der »Parador Nacional«; das Berghotel ist Ausgangspunkt für Wanderungen durch die Cañadas. Ein Weg führt durch die Hochebene ›Llano de Ucanca‹ in Richtung ›Boca de Tauce‹. Ein anderer zum Montaña de Guajara (2715 m); von dort ein beeindruckender Blick über die gesamte Kraterlandschaft mit dem Teide-Massiv im Hintergrund.
Auch im Sommer kann es in den Cañadas kalt sein. Es kann stürmen und zu plötzlichen Regenschauern kommen. Im Winter fällt Schnee, und die Temperaturen sinken unter den Gefrierpunkt.

Fuerteventur

Von zwei Königen wurde Fuerteventura bis zur Ankunft der Spanier regiert. Ihre Reiche waren durch eine hohe Zyklopenmauer bei Matas Blancas voneinander getrennt: in die Halbinsel Jandía und den Bezirk Majorata. ›Fuerte venture‹ bedeutet nichts anderes als ›Großes Abenteuer‹ – Vergangenheit. Heute ist die Insel Ziel zahlreicher Urlauber, die nichts als Sonne, Sand und Meer suchen. Und wer dazu noch einen Sinn für die extremen Schönheiten wüstenhafter Landschaften hat, der ist hier richtig.

Foto: Wanderdüne am Strand von Jandía Playa im Süden der Insel Fuerteventura.

– Afrika am nächsten

△ Corralejo auf Fuerteventura: Keine der anderen Inseln kann so schöne und einsame Sandstrände bieten

△ Hinter Corralejos Hotel »Oliva Beach« ragt die Nachbarinsel Lobos auf

△ Corralejos Hafen, auch für die Sportschiffahrt

△ Erinnerungen an andere Zeiten: eine zerfallende Windmühle bei Cotillo und Olivas ›Casa de los Coroneles‹ ▽

△ Fuerteventuras Küste: Sand, herübergeblasen aus der Sahara, ... und unzugängliche Felsen ▽

Von karger Landschaft, Stränden und Wüstenwinden

Zwei Tische und fünf Stühle drinnen, ein Tisch und einige Stühle draußen. Das ist beinahe die gesamte Einrichtung der Bodega an dem staubigen Weg von Corralejo. Hier nimmt man sich die Zeit und schaut den Fischern beim Boule-Spiel zu: die erstarrte Pose der Konzentration vor dem Wurf, der plötzlich vorschnellende Arm, der Blick, der der Kugel im Flug folgt. Schließlich das breite Grinsen, wenn der Wurf gelungen ist. Weit und entrückt scheint dann alles, wenn man diese Männer, deren Gesicht und Hände von Sonne und Wasser gegerbt sind, beobachtet.

Schon ist der Markt gepflastert

Den Menschen geht es gut hier. Sie sind nicht mehr arm, denn auch sie haben teil am Geschäft mit dem Tourismus. Der Wohlstand manifestiert sich rund um den gepflasterten Markt mit seinem Café, der Eisdiele. Durch die Gassen knattern die Mopeds, über den Neubauten drehen sich die Baukräne, Autos verstopfen die schmalen Gassen. Auf den neuen Straßen, die sich schwarz und serpentinenreich durch das dünn besiedelte Land winden, staut sich schon mal der Verkehr.

Zweimal kam der Eroberer

Die Eroberung der Kanarischen Inseln begann am 1. Mai 1402, als der normannische Ritter Jean de Béthencourt den französischen Hafen La Rochelle verließ, um über Cadiz nach Lanzarote zu segeln. Obwohl unterwegs die Hälfte seiner Besatzung desertierte, gelang es ihm dennoch, Lanzarote und am 18. Januar 1405 auch Fuerteventura zu unterwerfen.
Béthencourt kehrte nach Frankreich zurück, warb Soldaten und Siedler mit den verlockenden Worten, er habe ›ein liebliches Land mit mildem Klima und tiefer Ruhe‹ erobert. Erneut auf Fuerteventura, legte er in Betancuria den Grundstein für die Ka-

△ Betancuria erinnert mit seinem Namen an den normannischen Eroberer

Beeindruckend: Tuinejes Kirche ▽

△ Heimatkundliches im ›Museo Arqueológico‹ in Betancuria

Wie eine nordafrikanische Oase: Vega de Rio Palmas ▽

△ Castillo de Fustes: Die 200jährige Festungsanlage wurde reizvoll ... ... in eine Ferienanlage integriert ▽

Ziegen gaben der Insel Fuerteventura einst den Spitznamen Ziegeninsel ▽

thedrale ›Nuestra Señora de Bethencuria‹. Danach verließ er wieder mit drei Galeeren das ›Große Abenteuer‹ – nichts anderes bedeutet der Name ›Fuerte venture‹ –, um für die spanische Krone die anderen Inseln zu erobern.

Eine Insel der Verbannten

So sehr erfolgreich war Béthencourt mit seinem Siedlerwerben – zumindest für Fuerteventura – nicht, denn in den folgenden Jahrhunderten bis in unsere Zeit war die bitterarme Insel Verbannungsort für unbequeme Menschen. Der Diktator Franco verbannte die Führer der Opposition, die spanische Republik schickte die Anarchisten auf die karge Insel. Der bekannteste Verbannte war der Dichter Miguel de Unamuno y Jugo, der 1924 nach Fuerteventura reisen mußte. Don Miquel nennt man ihn hier und setzte dem Dichter ein einsames Denkmal am Hang des Vulkans Quemada. Für den Inselpoeten war Fuerteventura eine Wüste und dennoch geliebter, weltabgeschiedener Erdenfleck, dessen Glück wie Schönheit in seiner vornehmen und kraftvollen Armut liegt. ›Wie verschieden ist es von jenen meerumschlungenen Gärten, wo der Mensch Himmel und Erde vergißt.‹

Die Insel der Strände

Wer heute nach Fuerteventura reist, der kommt wegen der Strände. Denn keine andere kanarische Insel hat schönere, breitere, feinere und einsamere Badeküsten. Dazu eine Landschaft von asketischer Schönheit: Die Vulkane sind schroff und in ihren Formen weich zugleich, dann das Land mit all seinen erdfarbenen Tönen und schneeweißen Dünen, die grell in der Sonne aufleuchten: eine Mischung aus Andalusien und den Wüsten Afrikas.

Hier leuchten keine Orchideen

Wohin man auch kommt: Die Ziegen sind bereits da, und von diesen genügsamen Tieren zählt man mehr, als die Insel Einwohner hat. Die ›cabras‹, die der

△ Palmen sorgten für den Namenszusatz: Vega de Rio Palmas

△ Jandía Playa: animiertes Clubleben . . .

△ Man kann den Urlaub auch unter Wasser verbringen

. . . und der Strand für Eigeninitiative ▽

△ Gran Tarajal: warme Sonne, blaues Wasser und schwarzer Sand

Viele Straßen sind eher Pisten: bei Barlovento ▽

Der Strand von Sotavento, ein Ausflugsziel ▽

zweitgrößten Insel des Archipels zu dem Beinamen ›Ziegeninsel‹ verhalfen, scheinen das einzige Leben darzustellen in einer Wüste aus Stein und Sand. Kultur, Kulinarisches und ein Klima, in dem auch Orchideen blühen, sucht man vergebens.

Touristen statt Tomaten

Fährt man die schnurgerade Straße nach Gran Tarajal entlang, so entdeckt man links und rechts weite Felder, auf denen nichts anderes als Tomaten reifen. Zahlreich aber auch die Kulturen, die brachliegen, vermodert, zerbrochen die Windräder. Denn mit dem wichtigen Exportprodukt Tomate läuft es nicht mehr so gut, seitdem die Preise ins Bodenlose fallen. Viele Tomatenbauer verschenken die saftigen roten Früchte. Aber wer ißt schon täglich Tomatensuppe!
So bleibt als große Hoffnung der ›Wirtschaftsfaktor‹ Tourismus – nicht unbegründet. Zusammen mit dem benachbartem Lanzarote werden hier die höchsten Zuwachsraten gezählt. Im letzten Jahr verlebten rund 150000 Gäste ihren Urlaub auf Fuerteventura, davon hatten 132000 einen deutschen Paß.

Sandiger Wüstengruß

Die Insel des Windes, der Vulkane, des Meeres und der Steine zählt rund 130 Kilometer Sandstrände bei einer Küstenlänge von 327 Kilometer. ›Touristisch nutzbar‹, weil zugänglich, sind aber lediglich 50 Kilometer – eine immer noch beachtliche ›Strecke‹. Und diese paradiesische Badeküste wäre noch reizvoller, wenn nicht stets und immer wieder der Wind aus der Sahara seinen sandigen Gruß herüberschicken würde. Ein Spaß für die Surfer, ein Ärgernis für die sich Sonnenden.
Im Rücken die schlafenden Vulkane, davor das Geläut der sich auslaufenden Wellen, auf denen die blauen, gelben und roten Segel der geübten Surfer tanzen. Und wer das Glück hat, der kann im Dunst die afrikanische Küste erkennen. Keine 100 Kilometer entfernt.

FUERTEVENTURA

Wo gibt es was?

Fähnchennummer = Textnummer   ❶ = Auskunft

Corralejo ①

Zum Zentrum des Tourismus im Norden der langgestreckten Vulkaninsel hat sich das Fischerdorf Corralejo entwikkelt; besonders beliebt bei deutschen Urlaubern, was sich im gastronomischen Angebot niederschlägt. Es gibt einen kleinen Marktplatz mit Cafés und einigen Restaurants, in denen man noch gut Fisch essen kann; im »Marquesina« sind die gebackenen Fischgerichte empfehlenswert. Vom Hafen verkehrt die Fähre nach Lanzarote, das man auf der anderen Seite liegen sieht; Bootstouren zur vorgelagerten *Insel Lobos.*

An den ›Playas de Corralejo‹ wird die Ferienstadt von Jahr zu Jahr größer. Unübersehbar die beiden Hotels »Olivia Beach« und »Tres Islas«. Dazwischen Strandbuden, deren Preise lächerlich hoch und deren Weine ungenießbar sind. Ideale Bedingungen für Surfer. Kilometerlang dehnt sich ein feiner weißer Strand aus. Dahinter und jenseits der Straße, die häufig zugeweht wird, erstreckt sich Düneneinsamkeit. Hier wird nicht enttäuscht, wer allein Sonne, Sand, Wind und warmes Wasser zum Schwimmen sucht.

El Cotillo ②

Ein Fischerdorf, in dem viele alte Häuser verfallen. Der Befestigungsturm ›Castillo de Rico Roque‹ (17. Jh.), zum Schutz vor Piraten gebaut, soll renoviert werden. Noch mehr als Corralejo ist Cotillo ein Ziel für den geübten Brandungssurfer. Sehenswert an der Straße die ›Casa de la Costilla‹, ein altes Herrenhaus.

La Oliva ③

Die dreischiffige Kirche (18. Jh.) mit dem wuchtigen Glockenturm markiert das Zentrum des Ortes (3000 Einwohner), der eine Zeitlang Hauptstadt der Insel und bis Mitte des 19. Jh. Sitz der Militärbehörde gewesen war. An jene Epoche erinnern die verfallenen Paläste ›Casa del Capellan‹, deren hölzerne Türen und Fenster mit vorchristlichen Ornamenten geschmückt sind, und ›Casa de los Coroneles‹ (Beginn 19. Jh.); das Bauwerk zählt 365 Fenster und wartet dringend auf eine Renovierung.

Um La Oliva erstrecken sich Tomaten- und Zwiebelfelder. In der Lavazone ausgedehnte Opuntienfelder (Kakteen, auf denen die Cochenilleläuse gezüchtet werden) und Trockenfeldanbau auf Lavaasche. Hier glänzen Silberdisteln und stehen auch zahlreiche Dattelpalmen. Vorbei am Denkmal für den Schriftsteller Miguel de Unamunos südlich Tindaya geht es ins Tal von *Tefía,* eine von zahlreichen Windrädern bestimmte Landschaft in den Farben Ocker und Graubraun.

Puerto del Rosario ④

Bis 1957 hieß die Hauptstadt (12000 Einwohner) der Afrika nächsten und zweitgrößten kanarischen Insel ›Puerto de Cabras‹ (Ziegenhafen). Am Hafen der Provinzstadt, dem wichtigsten Umschlagplatz Fuerteventuras, eine Promenade mit einigen Bars, in denen man den Fremdenlegionären beim Kartenspiel zusehen kann. Fotografieren sollte man die ungeliebten Männer der seit 1975 hier stationierten, 3000 Mann starken Söldnertruppen nicht.

Südlich des Flughafens liegt *Castillo de Fustes.* Eine Befestigungsanlage gegen Seeräuber aus dem 18. Jh. wurde in eine Ferienanlage integriert.

❶ Cabildo Insular, Rosario 7, Puerto del Rosario.

Betancuria ⑤

Der schönste Ort der Insel wurde vom normannischen Eroberer Jean de Béthencourt 1405 in einem fruchtbaren Tal gegründet, nachdem er die Guanchenherrscher Guize und Ayoze nach zähen Kämpfen besiegt hatte. Betancuria war kurz Bischofssitz der Kanaren und lange Inselhauptstadt. Sehenswert die dreischiffige Kathedrale Santa María (17. Jh., der Nachfolgebau der 1539 zerstörten ersten Kirche), deren Kunstschätze von maurischen Piraten geraubt wurden; das Innere aus kanarischer Kiefer. (Sollte die Kirche verschlossen sein, Schlüssel in der »Bar Vicente« erfragen.) Das ›Museo Arqueológico‹ (archäologisches Museum), erkennbar an den Kanonen am Eingang, ist das einzige Heimatmuseum der Insel. Sein Gründer, Don Vicente, hat in ihm Funde aus der altkanarischen Zeit, bäuerliches Gerät und dergleichen zusammengetragen. Das Museum gibt außerdem einen Einblick in die bäuerliche Architektur von Fuerteventura.

In einem weitgehend grünen Hügelland liegt das von Palmen umgebene Bauerndorf *Vega de Rio Palmas.* Eine kleine Straße führt durch den Palmenhain zum Stausee ›Las Peñitas‹. Er hat seinen Namen von der Insel-Schutzheiligen, deren Alabasterstatue seit bald 500 Jahren in der ›Ermita de Nuestra Señora de la Peña‹ aufbewahrt wird (Wallfahrt alljährlich im September).

Jenseits des bis zu 720 Meter hohen Bergmassivs Gran Montaña liegt *Antigua* inmitten eines dank der zahlreichen Windräder, die das Wasser aus der Tiefe pumpen, fruchtbaren Landstriches. Am Ortsrand eine alte Windmühle.

Pájara ⑥

Der Ort ist Verwaltungssitz für Jandía, die südliche Inselhälfte. Auffallend die Kirche ›Virgen de la Regla‹ (1645 und 1687) mit aztekischen Türornamenten. Das kleine Fischerdorf *Puerto de la Peña* besitzt einen feinen grauen Sandstrand.

In *Gran Tarajal,* dem zweitgrößten Inselhafen und Ferienort zugleich, wurden einst die Erzeugnisse von *Tuineje* verschifft. Wegen der früheren Seeräubergefahr lagen die Siedlungen weit im Landesinneren.

La Pared ⑦

Die weißen Häuser auf der schwarzen Lava erinnern an die Dörfer auf Lanzarote. Phantastische Aussicht über die zerklüftete Küste.

Eine serpentinenreiche Straße erschließt nun die Landschaft beim Paß ›Degollada Cha Cabrera‹ (422 m).

Jandía Playa ⑧

Das Fischerdorf, auch Morro del Jable, El Morro oder einfach Morro genannt und besonders bei Deutschen beliebt, hat sich ganz auf den Tourismus eingestellt. Entsprechend hoch sind in den Restaurants die Preise. Der Ort ist Endpunkt eines rund 50 Kilometer langen Sandstrandes. Um die weit verstreut liegenden Feriensiedlungen ist das Land wüstenartig. Tagelang kann ein steifer Wind aus der Sahara das Badeleben unmöglich machen.

Auf einer der abenteuerlichsten Pisten erreicht man über den Paß bei der Montaña Aguda die ›Playa de Cofete‹. Im (Wind-)Schutz des Jandía-Massivs (807 m) steht auch die Villa des mysteriösen Franco-Freundes Dr. Winter, der in diesem unzugänglichen Teil von Jandía einen Schutzplatz für deutsche U-Boote unterhalten haben soll. Ein Thema, das regelmäßig in den kanarischen Tageszeitungen behandelt wird.

Der Leuchtturm ›Faro de Jandía‹ an der äußersten Westspitze von Fuerteventura gleicht einer Festung. An der Küste einsame Badebuchten. In dem Fischerdorf gibt es eine kleine Bar.

Am Nordende der Halbinsel liegt *Esmeralda Jandía* mit einem weiten und leeren Sandstrand, ein Ziel für Menschen, die lange Wanderungen am Meer lieben. Nachmittags weht aber häufig ein steifer Wind, der das Sonnenbaden ohne Windschutz unmöglich macht.

Gran C

Aus aller Herren Länder kommen Bewohner und Gäste der Insel, die dem ganzen Archipel ihren Namen lieh. Diese ›Internationalität‹ spiegelt sich auch in der üppigen Pflanzenwelt des Nordens dieser Insel. Nicht von ungefähr nennt sich ihre Hauptstadt mit dem frühlingshaften Klima der ›Palmenhain‹ – Las Palmas. Neben den Palmen blühen Dahlien und Geranien, Rosen und Iris, Bougainvillea und Begonien. Es wachsen Kartoffeln und Tabak, Bananen und Tomaten, Zwiebeln und Ananas. Es reifen Äpfel und Sauerkirschen, Avocados und Apfelsinen, Melonen und Zitronen.

Foto: An den Hängen des Bandama liegt ein herrlicher Golfplatz.

naria gab den Namen

△ Las Palmas de Gran Canaria: der Altstadtkern Vegueta mit der Kathedrale

△ Alle Welt kommt nach Las Palmas

△ Parque Catalina: Domino, ein Spiel der Einheimischen

Die ›Casa de Colón‹, einst Gouverneurspalast ▽

Folklore vor dem kanarischen Dorf ›Pueblo Canario‹ ▽

Eine Kaffeepause in der Calle San Telmo ▽

Marktleben: ›Mercado de Las Palmas‹ ▽

Las Palmas – Badestrand, Hafen und Handelsplatz

Halb untergegangen in der Menschenmenge, wird man schnell in das chaotische Treiben der Hafenstadt und Touristenmetropole einbezogen. Las Palmas de Gran Canaria gibt sich weltoffen und souverän. Eine Stadt ohne eigentliches Zentrum, gleich einer Ziehharmonika an der Küste entlanggestreckt. Viel Platz ist nicht mehr an dem dichtbebauten Küstenstreifen von Las Canteras – wohl noch für das eine oder andere Appartementhaus, nicht aber für mehr Urlauber. Dafür ist der Strand bei schönem Wetter doch zu schmal. Nichtsdestoweniger ein herrlicher Strand, der Las Palmas zu der Handvoll Orte weltweit gehören läßt, die Großstadt und Badeort zugleich sind. Auf den Straßen herrscht tagtäglich die blecherne Anarchie. Autofahrer, an mitteleuropäische Verkehrszeichen-Disziplin gewöhnt, sind in diesem Gewirr von Straßenschluchten und Gassen hoffnungslos unterlegen. Alle Sprachen der Welt erklingen hier und besonders im Hafenviertel Puerto de la Luz. Alle Flaggen der Welt zeigen sich ein paar Meter weiter. Tanker von beeindrukkender Größe, schneeweiße Luxusliner auf Kreuzfahrt und rostige Fischtrawler nutzen gleichermaßen den einmalig günstigen Standort in der Nordhälfte des Atlantik und haben Las Palmas zu Spaniens bedeutendstem Hafen gemacht.

Ein Platz zum Ausruhen

Wie ein steingewordener Nachklang der jahrhundertelangen Bedeutung von Las Palmas, dem ›Palmenhain‹, erhebt sich die mächtige Kathedrale Santa Ana aus der Altstadt Vegueta. Einige der Schätze, die man in dem alle Stile der letzten fünf Jahrhunderte reizvoll mischenden Gotteshaus sieht, erinnern an spanische Kolonialzeiten und daran, daß es bei den Eroberungsfeldzügen nicht um Religion, sondern um Macht und Geld ging.

△ Zwischen Meer und Bananen: Banaderos

Puerto de las Nieves ▽

Puerto de las Nieves: Fischerboote bestimmen noch immer den kleinen Hafen ▽

In den Tuffstein gehauen: die Guanchenhöhlen ›Cenobio de Valerón‹ ▽

Imposante Ausblicke bietet die in den Fels gesprengte Küstenstraße zwischen Agaete und San Nicolás ▽

△ Puerto de las Nieves

Blick von der Küstenstraße bei ›Anden Verde‹ ▽

Kanarienvögel trällern

Die Vegueta ist der lebendigste und farbenfreudigste Teil der Stadt. Der Eindruck verstärkt sich, wenn der Besucher durch das an- und aufsteigende Labyrinth in den oberhalb gelegenen Teil der Altstadt gerät. ›Riscos‹ nennt man die bunten Häuser, die an den Berghängen zu kleben scheinen. Bei der Verteilung des Reichtums sind die Bewohner hier leer ausgegangen. Dennoch strahlen die Häuser durch ihre Farbenpracht einen unerhörten Charme aus. In den Gassen, auf den Plätzen ist die kanarische Volksseele, sind Mythos und unverkennbarer Optimismus anwesend.

An den roten, blauen und grünen Türen und Fenstern hängen die Käfige mit den bunten Kanarienvögeln. Von Haus zu Haus ›flattert‹ tropfnaß die Wäsche. Hier leben die Menschen, die die Hoffnung auf schnelleres Geld in die Stadt kommen ließ.

Lieber tot als Sklave

Im Schatten der Kathedrale von Las Palmas liegt das ›Museo Canario‹ mit der wohl bedeutendsten Sammlung des Archipels über die Guanchen. Hier kann man den mühsam rekonstruierten altkanarischen Zeiten nachspüren, die am 29. April des Jahres 1483 ihr gewaltsames Ende fanden.

Frauen stürzten sich von den Felsen, um dem entwürdigenden Los der spanischen Sklaverei zu entgehen. Krieger, Fürsten und Priester sprangen engumschlungen ins Meer und ›ertränken das Feuer ihres heldenhaften Patriotismus im Ozean‹. Mit diesen Worten schildert eine zeitgenössische Überlieferung den Abschluß der Eroberung Gran Canarias. Das altkanarische Tameran, das ›Land der Tapferen‹, wurde spanische Kolonie.

Guerillakrieg in den Bergen

Fünf Jahre vorher waren die Spanier mit 600 Soldaten und 30 Pferden beim ›Barranco Guiniguada‹ gelandet, dort, wo heute Vegueta liegt. Kurze Zeit später gelang es ihnen, natürlich durch

△ Das Kreuz von Tejeda und eine seiner Touristenattraktionen ▽

Felsig und unwirtlich ist die Region um den Roque Nublo ▽

Mitten im ›Versteinerten Ungewitter‹ liegt Tejeda mit seiner alten Kirche ▽

△ ›Pinar de Tamadaba‹ und das Bergdorf Artenara ▽

Teror: Souvenirs unter dem kanarischen Balkon ▽

falsche Versprechungen, den Guanchenfürsten Guanarteme Tenesor Semidán und zahlreiche seiner Häuptlinge gefangenzunehmen. Die Männer wurden nach Spanien gebracht, zwangsgetauft und, in Samt und Brokat gehüllt, nach Gran Canaria zurückgeschickt, wo sie ihre Krieger von der Sinnlosigkeit eines weiteren Kampfes gegen die Spanier überzeugen sollten.
Die aber wollten lieber kämpfend sterben, als sich dem spanischen Joch zu beugen. Guanchenfürst Tazarte zum abtrünnigen Guanarteme: ›Komm zu uns, erlange aufs neue deine Würde, du findest Männer, die kämpfen und sterben ..., unsere Insel steht aufrecht wie ein Fels.‹

Faszinierendes Hochland
›Tempestad petrificada‹, ein versteinertes Gewitter, nannte der spanische Dichter de Unamuno das karge Hochland, das sich rund um den 1817 Meter hohen Roque Nublo erstreckt. Hierher zogen sich die Guanchen zurück, als die Spanier kamen, und in dieser unzugänglichen Bergregion, die zu Zeiten der Altkanarier freilich von dichten Laub- und Nadelwäldern überzogen war, findet man noch heute Spuren der Ureinwohner, liegen auch die Bestattungsplätze der Guanchen.

Guanchen-Mumien
Diese Gräber gaben und geben den Wissenschaftlern viele Rätsel auf. Wie war es möglich, daß ein Volk, das auf der technischen Stufe der Jungsteinzeit lebte, die hohe Kunst des Einbalsamierens verstand? Eine Kunst, die man bisher nur von den hochentwikkelten Kulturen der Ägypter und Inkas kennt. Die Mumien, ›xaxos‹ genannt, wurden nach derselben Technik wie die der ägyptischen Mumien präpariert. Zwar waren die der Guanchen nicht so perfekt wie jene der Ägypter. Anlaß genug jedenfalls für Archäologen, Ethnologen und Anthropologen, nach gemeinsamen Verbindungslinien zwischen den Altkanariern, den Ägyptern und einigen südamerikanischen Völkern zu suchen.

Maßstab 1 : 175 000 — 0 1 2 3 4 5 6 km

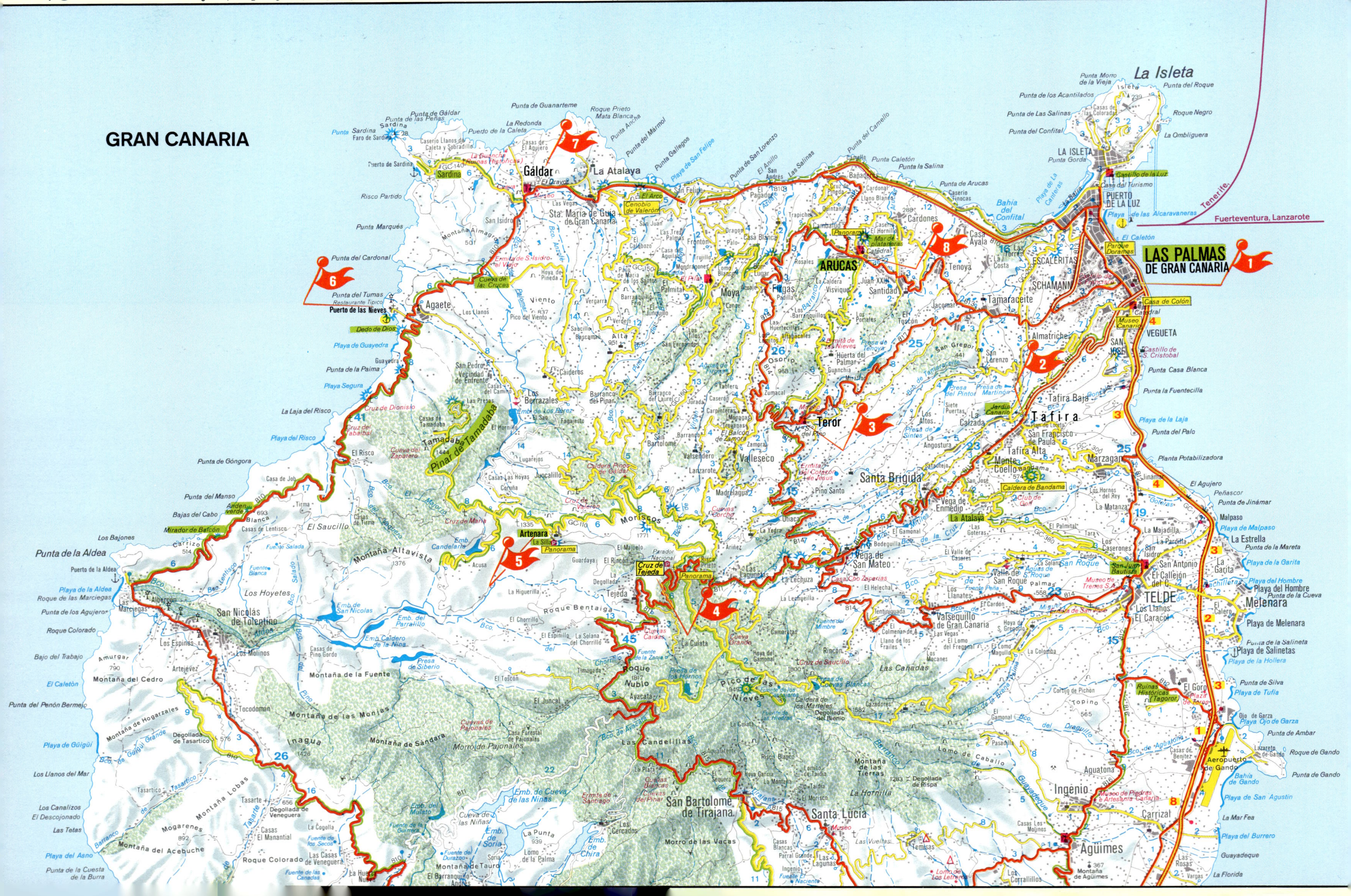

Wo gibt es was?

Fähnchennummer = Textnummer ⓘ = Auskunft

Las Palmas de Gran Canaria ①

Die größte Stadt der Kanarischen Inseln (420000 Einwohner), 1478 als ›Villa Real de las Palmas‹ gegründet, ist größter spanischer Hafen und Provinzhauptstadt für Gran Canaria, Lanzarote und Fuerteventura. Die ›königliche Stadt‹ ist das Wirtschafts-, Verkehrs- und Handelszentrum des Archipels.
Mit seinen rund 180 Hotels ist Las Palmas aber auch eines der Urlaubszentren von Gran Canaria, das sich rund um den drei Kilometer langen Strand von Las Canteras erstreckt. Natürliche Felsbarrieren im Meer sorgen dafür, daß auch Kinder dort ungefährdet baden können. Das Vergnügungs- und Ausgangsviertel erstreckt sich zwischen der Strandpromenade ›de las Canteras‹ und dem Parque de Santa Catalina. Hunderte von Restaurants, Bars, Diskotheken findet man hier. Einen guten Namen haben »La Bascada«, »Julio«, »Lanzarote« und »La Strada«.
Die wichtigste Sehenswürdigkeit der kanarischen Metropole, die sich 13 Kilometer von der Halbinsel La Isleta (›Inselchen‹) mit dem zum Schutz gegen Piraten erbauten ›Castillo de la Luz‹ (16. Jh.) bis zur Altstadt La Vegueta erstreckt, ist die fünfschiffige Kathedrale Santa Ana (1497–1805) an der gleichnamigen Plaza; die Bischofskirche vereint Gotik, Barock und Klassizismus. Besichtigung der Schatzkammer nach den Gottesdiensten (ab 10.30 Uhr, sonntags ab 13.30 Uhr). Die Vegueta, teilweise unter Denkmalschutz, besitzt noch einige Paläste und Adelssitze im Renaissance- und Barockstil (16.–18. Jh.). Zu den herausragenden Bauten zählt das Haus des Columbus: die ›Casa de Colón‹ (Ende 15. Jh.) an der gleichnamigen Gasse; in dieser ehemaligen Residenz der königlichen Statthalter wird ein eindrucksvolles Bild von den vier Entdeckungsreisen des Kolumbus nach Amerika und seiner Zeit vermittelt (täglich geöffnet). Zeugnisse der untergegangenen Kultur der Altkanarier sind im ›Museo Canario‹ (Calle Dr. Verneanz; täglich geöffnet) zu sehen: für jeden an der Guanchenzeit Interessierten ein Muß. Lohnend ein Bummel über den ›Mercado‹, den Markt in der Altstadt. In der »Churreria Emiliano« gibt es die leckersten Churros, in Öl gebackenes Spritzgebäck. In der Nähe die Kapelle ›Ermita de San Antonio Abad‹ (15. und 18. Jh.), in der schon Kolumbus gebetet hat.
Wer sich einen Überblick über die Stadt verschaffen (und seine Nerven im chaotischen Straßenverkehr schonen) will, fährt mit dem Bus; der Busbahnhof, Calle Rafael Canrera, liegt gegenüber dem Parque de San Telmo mit der gleichnamigen Kapelle (der Seeleute). Angrenzend an den Parque Doramas das ›Pueblo Canario‹ mit dem ›Museo Néstor‹ (mittwochs geschlossen), in dem die eigenwilligen Bilder des einheimischen Malers (1887–1938) hängen. Kanarische Folklore wird am Donnerstag (17.30 bis 19.00 Uhr) und am Sonntag (11.45 bis 13.45 Uhr) vorgeführt.
ⓘ Casa de Turismo, Parque de Santa Catalina, Las Palmas de Gran Canaria.

Tafira ②

Der beliebte Feriensitz wohlhabender Canarios besitzt einen der schönsten botanischen Gärten: Eine Unzahl Pflanzen wächst und blüht im ›Jardín Canario‹, Gewächse, die nur auf den Azoren, Madeira, den Kapverdischen Inseln und den Kanaren vorkommen.
Vorbei am Monte Bandama (herrliche Aussicht, auch in die Caldera, einen besiedelten Krater) geht es durch eine fruchtbare Landschaft, in der Obst und guter Rotwein gedeihen, über Santa Brígida nach *Vega de San Mateo.* Dort ein Heimatmuseum, die ›Casa Cho Zacarias‹, in einem gepflegten altkanarischen Haus (geöffnet bis zur Siesta).

Teror ③

Kurvenreich windet sich die Straße, vorbei an Schluchten und Zuckerrohrplantagen, nach Teror (9500 Einwohner). Das Städtchen konnte sich noch etwas spanisch-koloniale Atmosphäre in seinen Gassen bewahren; sein Straßenbild bestimmen Häuser und Stadtpaläste in altkanarischem Stil. In einem, der ›Casa Manrique de Lara y Bravo‹ aus dem 17. Jh., das Heimatmuseum. Ortsmittelpunkt ist aber die Basilika ›Nuestra Señora del Pino‹ (1692 und 1767) mit dem Standbild der ›Maria von den Pinien‹ (15. Jh.), der Inselschutzpatronin, dem Wundertätigkeit nachgesagt wird. Die Statue ist über und über mit Schmuck behängt, obwohl erst vor einigen Jahren alle Kostbarkeiten gestohlen wurden. Zu den schönsten Inselvolksfesten zählt die große Wallfahrt ›Fiesta de la Virgen del Pino‹ am 8. September.

Cruz de Tejeda ④

Turbulenter Rastplatz aller Rundfahrtbusse mit Kirmesstimmung und Hektik, vor allem vormittags. Schön sitzt man im angrenzenden »Parador Nacional«, wo man zu normalen Preisen gut essen kann; von der Terrasse ein wunderschöner Blick über die Gebirgslandschaft mit Roque Nublo (1847 m) und Pico de las Nieves (1949 m) sowie hin und wieder Pico de Teide.

Artenara ⑤

Vorbei am 1502 Meter hoch gelegenen Aussichtspunkt ›Mirador de los Pinos‹ (herrlicher Weitblick über die Kraterlandschaft, spanischsprachige Schautafeln erklären die ›Caldera de los Pinos de Gáldar‹) führt eine Bergstraße in das am höchsten gelegene Inseldorf. Höhlenwohnungen sind hier gut erkennbar: Die Front ist mit Fenstern und Dach gebaut, dahinter erstreckt sich der Wohnbereich ins Innere der Tuffhöhlen; ein Höhlen-Restaurant erreicht man durch einen Tunnel.

Puerto de las Nieves ⑥

Das Fischerdorf liegt an der Mündung des tropisch-üppig bewachsenen ›Barranco de Agaete‹. Am Kieselstrand mit meist Dutzenden von Fischerbooten einige Restaurants. Lohnend die kleine Kirche ›Nuestra Señora de las Nieves‹ mit flämischem Altarbild (um 1510). Schön der Blick auf die Küste mit dem Felsen ›Dedo de Dios‹, Finger Gottes. Nördlich Agaete an der Straße die Guanchenhöhlen ›Cuevas de las Cruces‹. Gen Süden bietet die in den Felsabhang gesprengte Küstenstraße (viel Zeit einplanen) atemberaubende Ausblicke.

Gáldar ⑦

Vorspanischer Residenzort der Guanchenkönige. Daran erinnern die ›Cuevas Pintada‹, die rund 2000 Jahre alten ›bemalten Höhlen‹ unweit des Rathauses mit seinem 1717 gepflanzten Drachenbaum, einem der schönsten der Inseln. Sehenswert die Barockkirche ›Santiago de los Caballeros‹ mit einer schönen Ausstattung.
Östlich die mehrstöckige Höhlensiedlung ›Cenobio de Valerón‹, einst Wohnort altkanarischer Vestalinnen. Nördlich ›La Guancha‹, eine der wichtigen archäologischen Fundstätten, an der 30 Mumien gefunden wurden (nachmittags geschlossen).
Reizvoll die kurvenreiche Straße zur Punta Sardina mit ihrem Leuchtturm; in *Sardina* ein schöner Strand.

Arucas ⑧

Inmitten fruchtbarer Felder liegt die einst älteste und 1478 von den Spaniern zerstörte Guanchensiedlung. Vom ›Montaña de Arucas‹ blickt man auf das ›Mar de plataneras‹, ein riesiges Bananenanbaugebiet. Vom einstigen Reichtum der Bananenbauern ›erzählt‹ die neugotische Kathedrale (um 1910).
Bekannt ist auch der aus hiesigem Rohrzucker gebrannte Rum.

Ein (Ur

Jahrhundertelang bestimmte der träge Gang des Esels das Tempo. Vor rund 20 Jahren war es schnell mit der Ruhe vorbei, als die Baumaschinen durch die Landschaft dröhnten. Wer heute noch Ursprüngliches auf Gran Canaria sucht, muß die Höhe bei Fataga hinaufklimmen, wo stets ein harter Wind um die Felsen weht. Oder unten am Golf bei der Playa de Mogán sitzen, wo die bunten Boote der Fischer im nachmittäglichen Dunst verschwinden, um in der Frühe des Morgens mit reichem Fang heimzukehren.

Foto: Zur Urlaubsfreude in Maspalomas gehört auch ein üppiges Buffet.

-ubs-) Paradies auf Zeit

△ Maspalomas: unbegrenzte Spaziergänge am Wasser . . .

△ . . . und Liegestühle unter Palmen

△ Urlaubslandschaft mit Palmen, warmem Wasser und garantierter Sonne: . . .

△ Oasis de Maspalomas: Sonnenhungrige am Leuchtturm . . .

. . . und Appartements im Pueblo-Stil ▽

△ . . . Hotel »Palm Beach« in Maspalomas

Ein Hauch von Sahara: die phantastische Dünenlandschaft von Maspalomas ▽

Die zwei Gesichter der ›Göttin‹ Tourismus

Das blaue Meer, der weiße Strand, die wärmenden Strahlen der Sonne, das Nichtstun – kurz, das Paradies. Was wäre dieser ausgetrocknete Landstrich ohne die Kraft der Sonne? Und so erstreckt sich von der ›Playa San Agustin‹ bis zum ›Faro de Maspalomas‹ eine Urlaubslandschaft von gewaltigen Dimensionen. Puerto Rico, Playa del Inglés oder Maspalomas heißen die Urbanisationen. Namen, von denen keine alten Landkarten wissen.
Die Tausende Nordeuropäer, die Tag für Tag hier einfliegen, sorgen dafür, daß die Baumaschinen nicht zum Stillstand kommen. Aber auch dafür, daß sich bescheidener Wohlstand ausbreitet.

Ein Denkmal für den ›Donde‹?

Dort, wo noch vor zwanzig Jahren Ziegenherden die Halbwüste nach knabberbaren Sträuchern absuchten, nur wenige Menschen sich in der unendlichen Düneneinsamkeit von Maspalomas verirrten, erstreckte sich das Reich des Grafen de la Vega Grande. Jener Erbe der spanischen Eroberer hatte eine bahnbrechende Idee: Ferienanlagen sollten in dieser Wüste entstehen. Alejandro del Castillo y del Castillo, Bravo de Laguna, Conde de la Vega, Grande de Guadelupe, kurz ›Donde‹ genannt, ließ sich von skandinavischen und deutschen Architekten die Pläne ausarbeiten. Die Idee, die alles revolutionierte: Das Urlaubsgebiet sollte so aussehen wie die europäischen Vorortsiedlungen mit Bungalows und Appartementhäusern; in den Supermärkten sollte all das zu kaufen sein, was es in Lübeck, Köln oder Zeven auch gibt. Kurz, die Urlauber sollten sich wie zu Hause fühlen. Mit dem kleinen Unterschied, der die ganze Sache erst interessant machte und da heißt: Sonnengarantie. Der Erfolg stellte sich ein und gab dem mittlerweile verstorbenen ›Donde‹ recht, zu dessen Imperium Reedereien und Zement-

△ Verwirklichte Träume nordeuropäischer Touristen: Puerto Rico mit seinem künstlichen Strand . . .

△ Wildwest in ›Sioux-City‹

. . . und seinem Yachthafen ▽

In den Urlaubsorten beginnt das ›richtige‹ Leben erst am Abend: Puerto Rico ▽

△ In Puerto Rico und in Playa del Inglés ▽

Im alten Stil ansprechend gestaltet: der Hafen von Playa de Mogán ▽

fabriken ebenso gehörten wie Hotels und Geschäftszentren. Rund 7000 Menschen standen auf seiner Lohnliste. Auf ein Denkmal für den ›Donde‹ wird man nicht mehr lange warten.

Zucker und Rum

Wo heute nackter Fels einen Großteil der Insel bedeckt, sah man früher dichte Wälder. Das frühlingshafte ausgeglichene Klima ließ die Insel für die ersten Europäer ein blühender Hain sein, ein regelrechter Garten Eden. Die Kieferwälder, unersetzlich für das Speichern von Wasser, wurden abgeholzt, um damit die Zucker-Raffinerien auf der Insel zu befeuern. Das Zuckerrohr hatten die Spanier aus Indien geholt. Die zweite Monokultur-Pflanze, die Banane, kam aus dem Himalaja über Afrika hierher. Rum und Zucker waren wichtige Exportartikel bis ins 18. Jahrhundert.

Überfluß an Bananen

Als der Zuckerrohr-Anbau nicht mehr lohnte, pflanzte man Weinstöcke, die dann von der kalifornischen Reblaus zerstört wurden. Hungersnot und eine erste Auswanderungswelle waren die Folge – vor rund 100 Jahren.
Von Engländern wurde dann der Zwiebel- und Tomatenanbau propagiert. Die kanarische Frühkartoffel hat einen guten Ruf. Aber seit dem Beitritt Spaniens zur EG fallen die Preise für diese landwirtschaftlichen Produkte. Obwohl von Qualität und Geschmack wesentlich besser als die mitteleuropäische Konkurrenz, verlieren sie Marktanteile: Der Transport ist zu teuer und dauert zu lange.

Dünen zum Naturreservat

So ist den Politikern auf der Insel wohl bewußt, daß dem Tourismus die Zukunft gehört. Dennoch, mehr als früher werden kritische Fragen gestellt, so zum Verhältnis Preis und Qualität beim Angebot der Hotels und in den Restaurants beispielsweise.
Außerdem ist seit Jahren die Rede davon, in den Dünen von Maspalomas ein Vogelschutzge-

△ Hochgebirgslandschaft bei San Bartolomé

△ Santa Lucia mit seiner eigenwilligen Kirche

Im kleinen Heimatmuseum von Santa Lucia ▽

△ Der Stolz Santa Lucias: die Eukalyptus-Allee

In Ingenio werden noch traditionelle Handarbeiten hergestellt ▽

Johannes dem Täufer ist die Kirche in Telde gewidmet ▽

Blick hinab auf Telde ▽

biet einzurichten. Noch vor 15 Jahren lebten und überwinterten hier mehr als zwei Dutzend Vogelarten. Der Bestand ist heute um mehr als die Hälfte zurückgefallen. Wie weit sich die Interessen der Naturschützer mit denen der Bauunternehmer, Reiseveranstalter und Geschäftsleute vereinbaren lassen, wird die Zukunft zeigen.

Meinungen beim Wein

In den Dörfern, den Vororten findet man noch die ›Tiendas‹, die winzigen Bodegas, in denen man Schinken, Wein oder Schnürsenkel kaufen kann, wo man aber auch beim Glas Wein ausgiebig diskutiert. Wie überall auf der Welt geht es um die Ernte oder die politische Lage.
Stets und immer wieder schimpfen die Männer über die Spanier vom Festland, von der ›Peninsula‹. Für sie sind das alle ›godos‹: ein Sammelbegriff für die Zugereisten, die in der ersten Generation Ansässigen. Auch die Inder und Mauren, ›indios y moros‹, sind unbeliebt. Die ersteren, weil sie clevere Geschäftsleute sind, und die anderen, die Marokkaner, weil sie die Kanarischen Inseln ihrem Königreich einverleiben wollen.

Langsame Veränderungen

Die Abneigung gegen die ›godos‹ hat Tradition. Die Beamten, Richter, Polizisten, Soldaten, die großen Spekulanten und einflußreichen Politiker, alle kamen und kommen sie zumeist von der ›Peninsula‹. Und diese Männer waren in der Tat nicht zimperlich, wenn es um die Ausübung ihrer Macht, um das Wachstum ihres Reichtums ging. Bereicherung, Unterschlagung, Korruption sind und waren Bestandteil des öffentlichen Lebens. Doch hat sich das soziale Klima geändert. Viele Festland-Spanier fühlen sich nicht mehr als Verbannte, wenn sie nach Gran Canaria oder eine der anderen Inseln versetzt werden – und verhalten sich auch nicht so. Und die Einheimischen sind froh, wenn sie das fühlen und hören. Mit Stolz sagen sie dann ›Soy canario‹, ›Ich bin Kanarier‹.

Maßstab 1 : 175 000 0 1 2 3 4 5 6 km

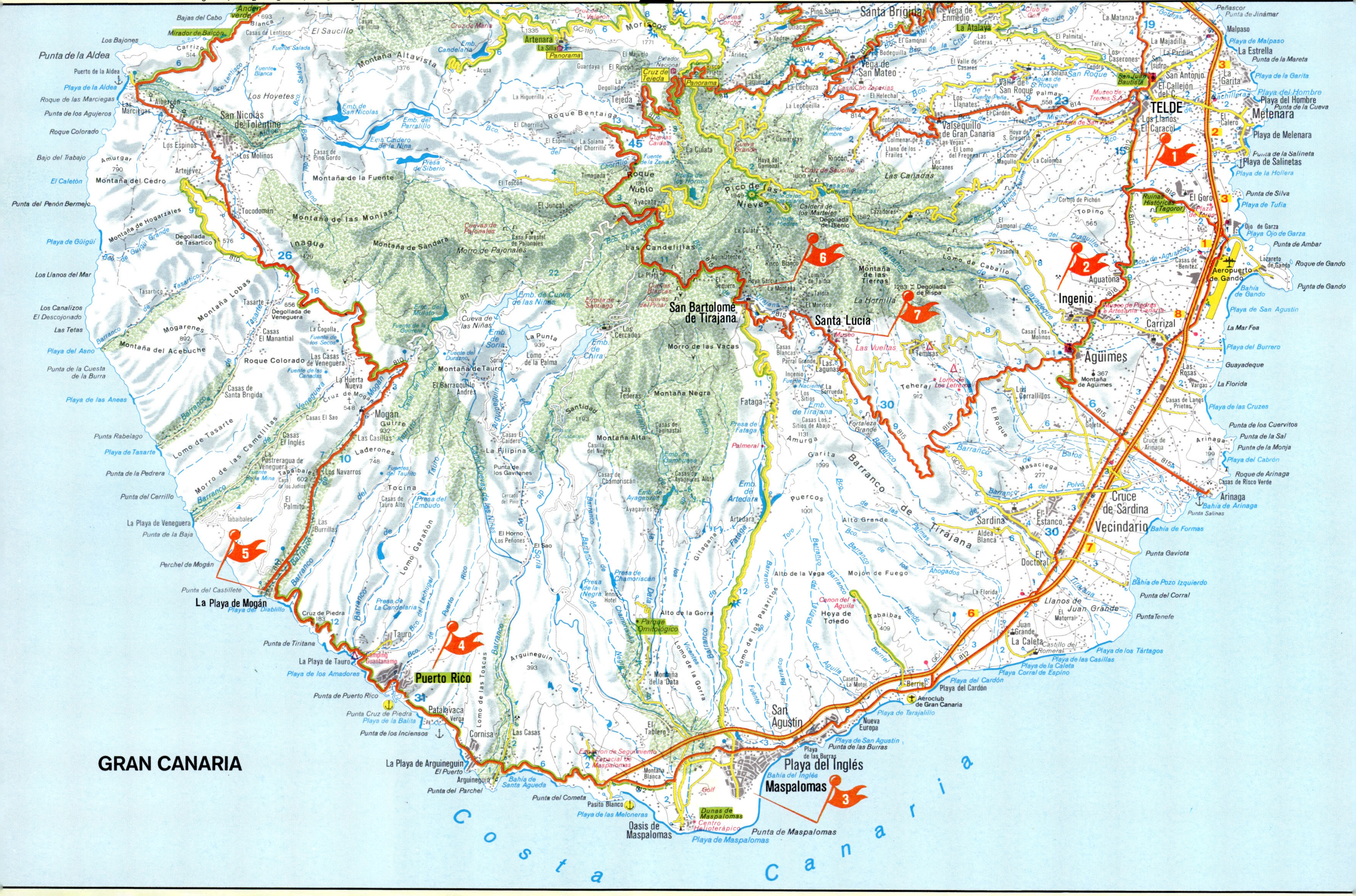

Wo gibt es was?

Fähnchennummer = Textnummer

Telde ①

Die knapp 60000 Einwohner zählende Stadt ist der zweitgrößte und älteste Ort von Gran Canaria. Telde, früher ein wichtiger und großer Sklavenmarkt, liegt zwischen dem sich schnell ausbreitenden Industriegebiet und weiten Bananenplantagen.
Charakteristisch sind die vielen Bauwerke im altkanarischen Stil. Hausfassaden und die geschnitzten Balkons mit den Wappen der Adelsgeschlechter erinnern an die einstige Bedeutung der Stadt. Auch heute noch werden Holzbalkons an die Neubauten gesetzt. Im Innern der Kirche San Juan Bautista (15. Jh.) steht das wertvollste Kunstwerk der Insel: der gotische Aufsatz des Hauptaltars, eine flämische Schnitzarbeit aus dem späten 15. Jh. Das Werk mit Motiven aus dem Leben Mariens ist ein Geschenk des Konquistadoren Cristobal Garcia del Castillo. Eine weitere Kostbarkeit ist die Darstellung von Christus: eine indianische Arbeit (16. Jh.), aus Maiskolben geschnitzt und nicht schwerer als sieben Kilo.
Gerühmt wird auch der süffige Telde-Wein.

Ingenio ②

Die Stadt (20000 Einwohner) war einmal Zentrum des Zuckerrohranbaues. Mittlerweile hat man sich vor allem auf den Anbau von Tomaten spezialisiert. Bekannt ist Ingenio auch durch das ›Museo de Piedras y Artesania Canaria‹. Junge Mädchen und Frauen lassen sich hier seit 25 Jahren in der Kunst der kanarischen Sticktechniken unterweisen. In dem angeschlossenen Geschäft werden die traditionellen Erzeugnisse zu angemessenen, aber nicht ganz niedrigen Preise angeboten.
Durch den ebenso wie Ingenio etwas arabisch wirkenden Ort *Agüimes*, eine frühere feudale Residenz der kanarischen Bischöfe mit schöner Kirche, gelangt man auf einer Bergstraße zu dem ›Lomo de los Letreros‹, Felsinschriften der Ureinwohner.
Unmittelbar am Meer befindet sich der am häufigsten angeflogene Flughafen des Archipels: ›Aeropuerto Nacional Gando‹. Jährlich werden hier mehr als 2,5 Millionen Passagiere abgefertigt. In den Abfertigungshallen befindet sich ein halbdunkles Schnellrestaurant; die Aussichtsterrasse ist meist verschlossen. Büros der Leihwagenunternehmen gibt es (Preise vergleichen), Souvenirgeschäfte und Kioske. Wer zur Insel Hierro will, kann sich am neuen Informationsstand der Insel mit Auskünften versorgen.

Maspalomas ③

Wo vor zwanzig Jahren nichts anderes als Sand und Steine lagen, erstreckt sich heute das größte Touristenzentrum der Kanarischen Inseln. Zwischen dem Leuchtturm bei Oasis de Maspalomas und Playa del Inglés gibt es mehr als 60000 Gästebetten aller Komfortklassen, wird die Costa Canaria jährlich von weit mehr als einer halben Million Menschen besucht.
Restaurants, Cafés, Geschäfte, Diskotheken, Vergnügungsstätten – für jeden Geschmack und Geldbeutel wird in dieser Ferienlandschaft etwas geboten. Der zehn Kilometer lange Badestrand ist feinsandig. Wer Sonne, Sand, Meer und Amüsement sucht, der ist hier richtig. Im ältesten Einkaufszentrum, Cita, treten Folkloregruppen auf. In ›Sioux City‹ bei Nueva Europa präsentiert sich eine echte Westernstadt (Filmkulisse), und jeden Sonntag wird in Los Palmitos eine Corrida veranstaltet, bei der die Stiere nicht getötet werden. In den Bergen eine (nicht zu besichtigende) Radarstation der Nasa für deren Weltraumflüge. Für Exkursionen empfiehlt sich der Bus. Die Preise betragen ein Zehntel der Taxipreise und ein Bruchteil der für Leihwagen.
Das Fischerdorf *La Caleta*, an dem die touristische Entwicklung spurlos vorbeigegangen zu sein scheint, mag dem Interessierten eine Ahnung vermitteln, wie es vor zehn oder zwanzig Jahren noch rund um Maspalomas ausgesehen haben mag.
An der Straße, die nach La Caleta führt, befindet sich das kastellartige Gut Juan Grande mitten im Tomatenland. Von hier bis zum Fischerdorf Arguineguin reichte der Privatbesitz der kanarischen Adelsfamilie Conde de la Vega Grande. Der verstorbene ›Donde‹ war Initiator der Costa Canaria. Er war der Mann, der sein steiniges und sandiges Wüstenland zu einer der größten geschlossenen Feriengebiete Europas urbanisierte. Ein Ende des touristischen Ausbaus der Südküste von Gran Canaria ist noch nicht abzusehen.

Puerto Rico ④

Rund um einen halbmondförmigen künstlichen Strand liegt die ›Urbanización‹, wie diese Feriensiedlungen auf den Kanarischen Inseln genannt werden. Die Appartements erstrecken sich bis in die Berge hinein. Besucher müssen ihre Autos am Ortseingang abstellen (Parkgebühr). Wegen seiner Beliebtheit ist der kleine Strand an Wochenenden oder bei schönem Wetter sehr schnell hoffnungslos überfüllt.
Der Ort lebt von den Wünschen und Träumen der 14-Tage-Touristen; die Preise sind entsprechend. Das Freizeit- und Sportangebot ist groß. Es gibt die Möglichkeit zum Wasserski und Surfen, zum Segeln und Hochseefischen, Tennis und Bowling.

La Playa de Mogán ⑤

Die Atmosphäre eines Fischerdorfes hat sich hier noch bewahrt: Die Straßen sind Pisten mit tiefen Schlaglöchern, in den Kneipen spielen die Fischer Domino.
Doch kommen langsam die Veränderungen: Aus Fischhallen werden Restaurants und Eisdielen, aus Lagerschuppen Diskotheken. Im Sommer 1986 wurde der ›Club de Mar‹ eröffnet, ein Yachthafen mit Appartements.

San Bartolomé de Tirajana ⑥

Straße und Piste wechseln sich bei der Fahrt durch den wilden ›Barranco de Fataga‹ ab. Hinter dem reizvoll gelegenen Dorf *Fataga* führt die Wegstrecke durch eine Landschaft mit Palmen, Kakteen und bizarren Felsen.
San Bartolomé ist Verwaltungssitz von Maspalomas. Das Bergdorf liegt inmitten von Obstplantagen und ist, nicht nur wenn die Mandelbäume blühen, ein beliebtes Picknickziel.
Wer in der einen oder anderen Bodega eine Tapa ißt oder einen Wein trinkt, wird merken, daß er mehr als der Einheimische zahlen muß. Auch hier handhaben die Wirte das System der ›gespaltenen‹ Währung: einen höheren Preis für die Touristen, den regulären für die Einheimischen.

Santa Lucia ⑦

Wein, Tabak, Kirschen, Mandeln, Aprikosen, Zitronen und noch viel mehr wachsen und reifen rund um Santa Lucia. Ein Gang durch den Ort sollte auch zur moscheeartigen Kirche führen. Der Stolz des Ortes ist die Eukalyptusallee. Santa Lucia ist im Ausflugsprogramm vieler Reiseveranstalter; das erklärt die zahllosen Souvenirläden. Zu dem nicht nur mäßigen, sondern auch teuren Ausflugsrestaurant »Hao« gehört ein kleines Privatmuseum: ein Sammelsurium von Knochen, Scherben, landwirtschaftlichem Gerät, präparierten Tieren und Möbeln.
Am ›Barranco de Tirajana‹ erhebt sich die ›Fortaleza Grande‹, ein mächtiger Basaltblock. Hier fand mit der letzten Schlacht am 29. April 1483 der Widerstand der Guanchen gegen die Spanier ein blutiges Ende.

Lanzarote: Feu

Es gibt kein Grün, und auch kulturelle Zeugnisse der Vergangenheit fehlen, und doch fasziniert die Insel die Besucher. Und immer wieder wird man mit Kontrasten konfrontiert: Da ackert der Bauer noch so, wie es in der Bibel steht, mit Holzpflug und Esel, und am Wegrand steht der Sportwagen mit nordfriesischem Nummernschild. Und bei der Fahrt durch die faszinierende und abweisende Welt der Vulkane wird ein Stück Mond mit dem Lächeln der Sonne darüber sichtbar.

Foto: Hinter der noch fruchtbaren Umgebung von Uga ragen bereits die Feuerberge auf.

-berge und Einsamkeit

△ Puerto del Carmen: Sonne, bis es zuviel wird

›Mercadillo‹ in Arrecife, ein neu gestaltetes Einkaufszentrum ▽

△ Souvenirs in Puerto del Carmen

Arrecife: das ›Castillo San José‹ ▽

△ Puerto del Carmen ist der beliebteste Ferienort auf der Insel Lanzarote

△ Arrecife besitzt die größte Fischereiflotte der Kanaren

Die Mühle bei Guatiza ▽

Als sich die Erde auf Lanzarote öffnete

Am 1. September 1730, zwischen 9 und 10 Uhr abends, öffnete sich unvermittelt die Erde in der Nähe von Timanfaya, ungefähr zwei spanische Meilen von Yaíza entfernt. Ein enormer Berg erhob sich aus dem Schoß der Erde empor, und aus dem Gipfel entwichen Flammen, die 19 Tage brannten.‹ Dem Pfarrer Don Andres Lorenzo Cubelo aus Yaíza verdanken wir diese angesichts der beschriebenen Ereignisse mehr als dürre Tagebuchnotiz, die an den größten Vulkanausbruch der jüngeren Geschichte erinnert. Sechs Jahre lang explodierte die Erde. Als sie sich dann endlich beruhigt hatte, waren elf Dörfer mitsamt ihren fruchtbaren Äckern verschwunden, 32 neue Krater entstanden, und Lanzarote war zu drei Viertel von Lava bedeckt.

Lockende Vulkan-Landschaft
Beim Anblick der Kraterlandschaft fällt die Antwort schwer, warum gerade diese Insel zu allen Jahrhunderten und besonders in unserer Zeit zu einem so anziehenden Reiseziel geworden ist. Die Beliebtheit muß etwas mit der Kargheit der Natur, der Leuchtkraft der Vulkane, dem Wechsel von Licht und Farbe zu tun haben. Und mit der unvergleichlichen Ruhe, die der Insel immer noch eigen ist – wenn auch der Verkehr manches Touristenortes dem einer Großstadt zu gleichen scheint.

Vergangenheit bleibt sichtbar
Ganz kann das Heute nicht verborgen bleiben. So deckt das massige Basaltpflaster, über das vier Jahrhunderte hinweggingen, mittlerweile eine Asphaltschicht. Doch blieb der einstigen Inselhauptstadt Teguise der Charme einer aristokratischen Schönheit. Ein Rundgang durch die abschüssigen Gassen, vorbei an weißen Häusern mit grünen, andalusisch wirkenden Fensterläden und Türen, ruft Erinnerungen an

△ ›Jameos del Agua‹: eine faszinierende, ... vom Vulkanismus gestaltete Unterwelt ▽

Über Teguise thront das ›Castillo de Guanapay‹ ▽

△ Exotisch: Terrassenfelder von Haría

△ Als gäbe es keine Zeit: Ein Bauer verteilt ›Picon‹ auf seinem Feld, ... Zwiebelernte ▽

Einst die Hauptstadt: Teguise um seine Kirche San Miguel ▽

die Ruhe spanischer Dörfer wach, deren Lebensrhythmus der träge Gang des Esels bestimmte. Im Zentrum der Marktplatz, schönster Raum der Insel.
Den Besucher erstaunt es nun nicht mehr, gerade hier die heutige Heimat des traditionellen kanarischen Zupfinstrumentes zu finden, die der ›Timple‹.

Ackerbau ohne Wasser

Dort, wo die Lava die einstmals kultivierte Landschaft zerstörte, ist das Feld wieder fruchtbar. Man sieht es bei den Dörfern Tinajo, Masdache, Tao oder Uga. An den Hängen und auf den Äckern durch Strohballen oder Holzbretter vor dem Passat geschützt, reifen Tomaten, Tabak, Zwiebeln, Melonen und Wein.
Den Bauern ist das Kunststück gelungen, Landbau ohne Bewässerung entdeckt zu haben. Da die Vulkanasche – ›picon‹ oder ›lapilli‹ genannt – porös ist, saugt sie die nächtliche Feuchtigkeit gleich einem Schwamm auf und leitet sie an die Wurzeln weiter. Der ›picon‹ schützt den Boden vor der sengenden afrikanischen Sonne und sorgt für drei und manchmal vier gute Ernten.
Vor 200 Jahren wurde die Malvasier-Traube aus Kreta eingeführt. Die Qualität des Weines war so gut, daß er an europäischen Königshäusern bevorzugt getrunken wurde. Heute wird der Wein auf ›Trinkqualität‹ verschnitten.

Kostbares Duschwasser

Es regnet selten auf Lanzarote. Leere Wasserläufe, von Brücken überspannt, lassen vermuten, mit welcher Kraft es hier aber regnen kann und wieviel Schlamm und Geröll von den Höhen herabgespült werden, wenn es regnet. Tagelang verfinstert sich der Himmel, es stürmt und stürmt. Und es füllen sich die Zisternen mit Wasser für Mensch, Tier und Ackerbau.
Dann grünt es besonders üppig im Tal von Tabayesco, das im Schatten des zehn Millionen Jahre alten Gebirges bei Haría liegt, wo sich Palmen im steten Wind wiegen, kanarische Dattelpalmen.

△ Trockenfeld-Weinanbau bei Masdache

△ Die ›Feuerberge‹ erkundet man am besten vom Kamelrücken aus

△ Aus Feuer und Wasser entstanden: ›Los Hervideros‹

Yaiza: Restaurant im Inselstil mit Blumen und gekalkten Wänden ▽

△ Badebuchten an der Punta del Papagayo

△ Die ›Salinas de Janubio‹

Playa Blanca: erst Fischer-, nun auch Feriendorf ▽

Aber ohne die Meerwasser-Entsalzungsanlage, eine der ersten auf der Erde, kommt man nicht mehr aus – denn der Tourist verlangt nach dem Duschbad. Und wenn einmal zuviel Wasser verbraucht wird, dann wird es dem Bauern rationiert und nicht dem wasservergeudenden Urlauber, der Klage darüber führt, wenn das Wasser stundenweise abgestellt wird.

Spezialität der Vulkaninsel

Feuer und Wasser waren es, die das Gesicht Lanzarotes gestalteten. Beispielhaft für ihr Wechselspiel sind die vulkanischen Höhlen im Norden der Insel. Am bekanntesten ist wohl ›Jameos del Agua‹, durch unterirdische Verbindungen zum Meer teilweise mit Wasser gefüllt. Die kunstvoll angelegte Pflanzenwelt des dortigen Restaurants und Nachtklubs dokumentiert, was den Lanzarotinern vorschwebt, wenn sie von einer harmonischen Verbindung von Natur und Tourismus reden.

Flammender Untergang

Die Temperaturen, die unter den ›Montañas del Fuego‹, den Feuerbergen, brodeln, übersteigen spielend jegliche Vorstellungskraft. Wer hier spazierengeht, spürt kaum etwas. Nur die bizarre Welt der gelbroten, blauschwarzen oder grünbraunen Vulkane, über die Kamele die Besucher im Paßgang schaukeln, ist zu sehen. Ein paar Spielchen für die Touristen lassen dann die lauernden Urgewalten ahnen: der Liter Wasser, der sich, in ein Loch im Boden gegossen, zu einem kleinen Geysir verwandelt; der Strauch, der in einer Erdspalte im Nu Feuer fängt; oder die Schuhsohlen, die plötzlich unerwartet heiß werden, weil man zu lange am gleichen Ort stand. Zehn Zentimeter unter der Erdoberfläche ist es bereits rund 140 Grad heiß!
So hat man sich die Insel vorgestellt, eine Landschaft im Urzustand, über der die Sonne mit gleichfalls glühenden Farben untergeht. Schnell kommt die Nacht, wie in Afrika fast ohne Dämmerung.

LANZAROTE
Alegranza
Punta Mosegos
Punta Grieta
Caleta del Morro Alto
Punta de los Mosquitos
Faro de Alegranza
La Caldera
Punta Delgada
Punta Trabuco
Punta de la Moreta
El Caletón
Roque del Oeste
Punta de la Camella
Montaña Clara
Caleta de Guzmán
Punta Gorda
Punta del Agua
Baja de las Majapalomas
Playa Lambra
Playa de las Conchas
Pedro Barba
Punta de Pedro Barba (o de la Sonda)
La Baja del Ganado
Graciosa
Las Agujas
Punta del Bajío
Caleta de Pedro Barba
Balsa de pasajeros
Caleta de Burro
Caletón de las Huertas
Caleta del Sebo
Caleta de Arriba
Punta Fariones
Playa de la Cantería
Orzola
Charca de la Laja
El Arco
Caletón Blanco
Caleta del Mojón Blanco
Punta Prieta
La Caleta
Playa Francesa
La Punta
Mirador del Río
El Río
Catalina Cabrera
Yé
Casas La Breña
La Bahía
Guinate
Los Molinos
Casas Las Escamas
C. del Guincho
Los Lomillos
Cueva de los Verdes
Punta Escamas
C. de las Aulagas
Máguez
Haría
Jameos del Agua
Punta Usaje
Los Caletones
Palmar
Las Bajas
Faja
Los Picachos (Punta de Mujeres)
Arrieta
Caleta de Campo
Playa de Famara
Punta Guerra
Caleta del Caballo
Punta Prieta
Boca de Abajo
La Isleta
Bajamar
La Caleta de Famara
Cortijo de Don Juan Feo
Tabayesco
Mirador de Haría
Playa de la Garita
Punta de la Pared
La Costa
Sóo
Casa del Molino
Urbanización Famara
Mala
Playa del Seifio
Charco del Palo
El Roque
La Santa
Caletón de las Ánimas
Urbanización Vista Graciosa
El Jable
Ermita del Valle
Los Valles
Bco. de Tenegüime
Piedra Mansa
El Cuchillo
Las Laderas
Guatiza
Ermita de San Sebastián
Punta Gaviota
Islotes de Punta Gaviota
Playa de Chó Gregorio
Volcán Nuevo
Playa de la Madera
Teneza
Tinajo
Muñique
Ermita de San Rafael
Teguise
Urbanización Los Cocoteros
El Mojón
Punta del Paletón
El Volcán
Casas del Islote
Mancha Blanca
La Vegueta
Tiagua
Castillo de Guanapay
Teseguite
Playa del Tío Joaquín
Caleta de la Ensenade
Las Cañas
Ermita de los Dolores
Tao
Nazaret
Urbanización Oasis de Nazaret
Ensenada del Banco
PARQUE NACIONAL DE TIMANFAYA
Urbanización Las Cabreras
Bonanza Cumplida
Monumento al Campesino
Mozago
Corona
Punta de Tierra Negra
Ruta de los volcanes
Islote de Hilario
Casas de la Florida
San Bartolomé
Tahiché
Ensenada de la Gorrina
Las Salinas
Playa del Paso
Pico Partido
Montaña Negra
Casa del Rincón
Masdache
M. Mina
Costa Teguise
Punta de Tope
Playa Bastián
Casas de El Golfo
Montañas del Fuego
Argana
Punta del Jurado
El Golfo
Montaña Blanca
Güime
Arrecife
Ensenada de las Caletas
Conil
Castillo de San José
Playa de Montaña Bermeja
La Geria
La Asomada
Vegas de Tegoyo
Tías
Los Hervideros
Yaiza
Uga
Mácher
Urbanización Playa Honda
Castillo de San Gabriel
Punta de la Lagarta
Punta del Volcán
Casas de la Degollada
Las Casitas de Femés
Cortijos Viejos
Casa de los Mojones
Urbanización Los Pocillos
Laguna de Janubio
Playa de Janubio
Pico Naos
Hoyas Hondas
Atalaya de Femés
Playa Quemada
Urbanización San Antonio
Caletón del Río
Las Breñas
Femés
Puerto del Carmen
Bco. de la Higuera
La Puntilla
Caleta Piedra Alta
Casas de Masión
Playa de la Arena
Los Rostros
Bahía de Ávila
Punta Ginés
Urbanización Atlante del Sol
Hacha Grande
Caleta Negra
Urbanización Montaña Baja
Punta Gorda
La Capanga
Playa Blanca
(Ruinas)
Caleta Larga
Punta Pechiguera
Punta Limones
Punta del Águila
Playa Mujeres
Caleta del Congrio
Punta del Papagayo
Corralejo (Fuerteventura)
Las Palmas de Gran Canaria
Puerto del Rosario (Fuerteventura)
Maßstab 1 : 300 000
km

Wo gibt es was?

Fähnchennummer = Textnummer ⓘ = Auskunft

Haría ①

Vom kleinen Aussichtspunkt (Weinstube und hübscher Souvenirladen) geht der Blick auf Haría, den Ort mit den ›1000 Palmen‹. Dahinter erhebt sich der Vulkan Monte Corona (609 m). Terrassenfelder, kubische weiße Häuser und die Palmen ›Phoenix canariensis‹ erinnern an afrikanische Oasen.

Arrieta ②

Beim Fischerdorf liegt eine unvollendete ›Urbanización‹; ›Denkmal des unbekannten Spekulanten‹ könnte sie genannt werden. Das auffallendste Bauwerk ist eine blau-rote Villen-Ruine; man erzählt sich, der Besitzer hätte diesen Bau verflucht, nachdem er gehört hatte, daß ihm seine Frau weggelaufen war. Empfehlenswert die Bar »Miguel« (frische Fischgerichte). Der Blick aufs Meer ist in den akzeptablen Preisen inbegriffen.
Zusammen mit den ›Feuerbergen‹ werden ›*Jameos del Agua*‹ und die daneben liegende ›*Cueva de los Verdes*‹, eine rund sechs Kilometer lange Lava-Galeriehöhle, von keinem Rundfahrtprogramm ausgelassen. In ›Jameos del Agua‹ finden sich Restaurant, Konzertsaal (Musik-Veranstaltungen am Freitagabend) und Schwimmbad (meist trocken). In früheren Zeiten dienten die Höhlen als Fluchtort bei den Vulkanausbrüchen und bei Überfällen von Piraten, die die Bevölkerung in die Sklaverei schleppten.
Zahlreiche Buchten mit weißen kleinen Sandstränden an der felsigen Küste in Richtung *Orzola*. Von dort geht es täglich mit dem Boot über den tückischen El Rio zur Nachbarinsel *Graciosa;* die knapp einstündige Überfahrt nach Caleta del Sebo kann turbulent verlaufen. Für die Zukunft ist auf der Nachbarinsel eine Appartementanlage mit 400 Betten geplant. Einen schönen Blick auf Graciosa, aber auch auf die weiter nördlich liegenden Inseln *Clara* und *Alegranza* hat man vom reizvollen Aussichtspunkt ›Mirador del Rio‹.

Teguise ③

Die ehemalige Inselhauptstadt und der erste Bischofssitz der Kanaren entstand unterhalb des ›Castillo de Guanapay‹, wegen der Piratengefahr weitab vom Meer. Das Kastell hatte noch der (für die Insel namengebende) Genueser Lanzarotto Malocello im 14. Jh. errichten lassen (1596 umgebaut).
Zum hübschen Ortsbild gehören die alten Klöster San Francisco (16. Jh.) und Santo Domingo (18. Jh.). Der architektonisch schönste Marktplatz der ganzen Insel wird von der Kirche San Miguel, vom ›Palacio de Spinola‹ und dem »Acatife« begrenzt; hinter einer hohen Tür in kanarischer Schnitzerei eines der besten Inselrestaurants. In dieser alten Bodega tritt auch die Folkloregruppe ›Acatife‹ auf. Daneben, im ›Artesania‹, einem typischen Bürgerhaus mit Innenhof, werden inselcharakteristische Francigi-Miniaturen, Stickereien und Tonwaren verkauft. Lohnend auch der prunkvoll restaurierte ›Palacio de Spinola‹ (17. Jh.), der Gemälde und Mobiliar zeigt und Konzerten dient.
Das ehrgeizigste Urbanisationsprojekt der Kanaren entsteht nördlich Arrecífe an der Costa Tequise. Zwischen den bereits bestehenden Anlagen ›Los Molinos‹ und ›Las Salinas‹, zwischen ›Las Zocos‹ und ›La Cucharas‹ wird an einer Ferienstadt mit Bungalows, Bars, Restaurants, Supermärkten und Sportplätzen gebaut. Bis zum Ende des Jahrtausends sollen auf diesem steinigen Grund, wo die Farbe der Lava den Ton angibt, einmal 30000 (finanzkräftige) Menschen leben und Erholung finden.

Arrecífe ④

Die Hauptstadt von Lanzarote (24000 Einwohner) – ihr Name bedeutet Felsenriff – erlebt gerade ihr Wirtschaftswunder. Die Autos werden größer und glänzender, die Straßen asphaltiert, die Frauen kleiden sich schicker und teurer, alte Häuser weichen Banken und Versicherungen, und am Stadtrand entstehen neue Wohnsiedlungen. Immerhin kann Lanzarote die niedrigste Arbeitslosenrate des Archipels vorweisen. Und im Hafen ist die größe Fischereiflotte der Inselgruppe beheimatet; ihr Fang wird von der örtlichen Fischindustrie verarbeitet.
Schlicht die Kirche San Ginés und der von Arkaden gesäumte Marktplatz; rührend in seiner beschränkten Auswahl (Markt bis 12 Uhr). Der Seepromenade vorgelagert und über einen Steindamm oder eine Zugbrücke erreichbar das ›Castillo de San Gabriel‹ (1590), heute archäologisches Museum. Zur Abwehr der in den Gewässern der Kanarischen Inseln vor allem im 16. Jh. allgegenwärtigen Piraten wurde im 18. Jh. auch das ›Castillo San José‹ errichtet; es beherbergt das ›Museo de Arte Contemporáneo‹ und zeigt Werke moderner spanischer Maler (täglich geöffnet).
Anlässe zu großen Festlichkeiten bieten das Inselpatronatsfest San Ginés am 25. August, Fronleichnam und Himmelfahrt.
ⓘ Patronato de Turismo, Pavillon im Parque Municipal, Arrecífe.

Puerto del Carmen ⑤

Größtes internationales Urlaubszentrum der Insel. Von knapp 400000 Lanzarote-Touristen kommen zwei Drittel hierher. An der rund zwölf Kilometer langen Küstenlinie zwischen dem Fischerhafen und dem Flughafen sind Appartements terrassenförmig in die Hänge gebaut. Vielseitig das Komfortangebot sowie das Sport- und Unterhaltungsprogramm; übende Surfer und Sportfischer finden hier ihr Paradies. Beste Adressen sind die Anlagen ›Fariones‹ und ›San Antonio‹.

Yaíza ⑥

Afrikanisch, mit weißen Gebäuden und ringsum Palmen, gibt sich das ›Tor‹ zum 1980 gegründeten Timanfaya-Nationalpark, der rund ein Viertel der etwa 780 Quadratkilometer großen Insel bedeckt. Seine ›Feuerberge‹ erkundet man am besten mit dem Bus (ab ›Islote de Hilario‹) oder vom Kamel aus (an den ›Montañas del Fuego‹). Am ›Islote de Hilario‹ nutzt das Restaurant die Erdwärme für einen ›Naturgrill‹.
Eine Steilküste begrenzt den Nationalpark zum Atlantik hin. Donnernd brechen sich die ungebremsten Wellen des Ozeans an bizarren Felsen wie den ›Los Hervideros‹. Ein halbrunder Krater direkt am Wasser bildet die Lagune ›El Golfo‹, unterirdisch mit dem Meer in Verbindung.
Die hohe Sonneneinstrahlung bietet sich für die Salzgewinnung geradezu an. Die größte lanzarotinische Anlage sind die ›Salinas de Janubio‹; rund 10000 Tonnen werden hier alljährlich aus Meerwasser gewonnen. Ein Großteil geht an die Fischindustrie in Arrecífe; in Kilosäcken ist das Meersalz auch im Handel zu kaufen.

Playa Blanca ⑦

Das kleine Fischerdorf wird langsam von einer gewaltigen Appartement- und Ferienhausanlage umschlossen. An der hübschen Strandpromenade, die um die geschützte Badebucht läuft, einige Restaurants, die nicht allein den Blick aufs Meer gemeinsam haben, sondern auch ihre gepfefferten Preise.
Vom Hafen verkehren die Fähren nach Fuerteventura. Die Überfahrt kann recht stürmisch verlaufen.
Vorbei am Festungsturm ›Las Coloradas‹ (um 1750) über eine abenteuerliche Piste (Straße geplant) zu den Badebuchten von Papagayo, Mujeres und Congrio. Wegen des goldgelben Sandes, des sanften Wellenganges sind die Strände (vor allem an Wochenenden) sehr beliebt.

La Palm

Diese Insel, auf der noch vor einigen Jahren ein Vulkan Feuer und Lava spuckte, ist das, was man einen Geheimtip nennt. Für Badeurlaub zwar weniger geeignet, bietet die abwechslungsreiche Landschaft aber zahlreiche Urlaubsmöglichkeiten. Festfreude und eine bodenständige Küche gehören zu den wesentlichen Bestandteilen des Lebens auf der grünen Insel. Doch südländisches Temperament findet man hier so selten wie goldgelbe Sandstrände.

Foto: Blick auf den Ort Breña Alta, hinter dem der Kraterrand der Caldera de Taburiente aufragt.

, ein grüner Geheimtip

△ Das Schiffahrtsmuseum in der ›Santa María‹

△ Santa Cruz de la Palma: ein Kaffee am »Placeta« im Zentrum

Das Angebot des Südens auf dem ›Mercado‹ in der Markthalle ▽

△ Blick vom Rathaus auf die Kirche San Salvador

Bodega mit Kanarienvögeln nahe beim ›Mercado‹ ▽

△ Las Nieves: die Wallfahrtskirche mit dem Gnadenbild im Altar ▽

Immer wieder kommen sie zurück – aus aller Welt

Langsam gleitet das weiße Fährschiff in den Hafen. Bunte Lichter an der Promenade weisen dem Dampfer den Weg. Die Passagiere drängen an Land, am Kai wartet eine Menge von Menschen. Die Heimkehrenden werden von ihren Sippen empfangen, viele schleppen Kartons, Möbel, Koffer.
Heute wie auch vor Jahrhunderten ist der Hafen die Hauptverbindung zur Welt. Vor allem, wenn die Festlichkeiten zu Ehren der ›Señora de las Nieves‹ vor der Tür stehen. Kaum ein ›Palmero‹ läßt es sich nehmen, dabeizusein. So kommen sie von überall her – auch aus Südamerika, wo viele ihr Glück suchen.

Eine glückliche Mischung

Lange Jahre war Santa Cruz Zwischenstation der Seefahrer auf ihrem Weg in die ›Neue Welt‹. Wie Antwerpen und Sevilla hatte Santa Cruz das Privileg, mit dem neuen Kontinent Handel zu treiben. Ein wirtschaftlicher Aufschwung war die Folge. Der damit verbundene Wohlstand brachte nicht allein Spanier auf die Insel. Es kamen aus Irland die O'Dalys, die Aquirs aus Portugal, aus Köln die Gruenenbergs.
Es scheint, als hätten die ›Palmeros‹ von allen einwandernden Volksstämmen das Beste mitbekommen. Auf einen ersten Blick erscheinen sie freundlich, kunstsinnig und zuvorkommend, aber auch sehr geschäftstüchtig. Dann aber geben sie sich zurückhaltend. Ihre Feste feiern sie nicht mit dem gleichen südländischen Temperament wie die anderen ›Canarios‹. Und das Patriarchat scheint unbestritten zu sein.

Wortbrüchiger Eroberer

Am Michaelstag des Jahres 1492 landete Fernandez de Lugo mit drei Schiffen auf der Insel. Listig, wie er es auf den anderen Inseln bereits auch getan hatte, überzeugte er die Guanchenfürsten, daß es für sie besser sei, sich mit

△ Blick zurück auf Santa Cruz von der Bergstraße hinauf zum Roque de los Muchachos

△ Wein bei Fuencaliente, . . .

△ Kein ungewöhnliches Bild: Ziegen auf einer der Bergstraßen

. . . Bananen rund um die Kirche von Las Angustias ▽

Hier in der Bucht von Tazacorte landeten einst die Konquistadoren ▽

△ Eine Wand des ›Barranco de San Juan‹ ›La Cumbrecita‹: Blick in die Caldera de Taburiente mit ihren Kiefern ▽

ihm zu arrangieren. Nur Tanausu, der mächtigste von allen, verweigerte Lugo die Gefolgschaft. Monatelang fügte seine Guerillataktik den Eroberern große Verluste zu. Falsche Versprechungen lockten Tanausu zuletzt doch in einen Hinterhalt. Gefangengenommen, beendete ein Hungerstreik sein Leben.

Vulkanfeuer auf der Weinflasche

Die Flaschen des Weines, der in den Kellern von Fuencaliente reift, zeigen auf ihren Etiketten den feuerspuckenden Vulkan, der 1971 wochenlang für Aufregung sorgte. Ein passendes Signet, denn es ist ein schwerer süßer Malvasier-Wein mit Tokaiergeschmack, wie man ihn von Sizilien und Kreta kennt. Am besten schmeckt der ›Dulce Reserve‹. Ihre Spitzenprodukte verkaufen die Winzer aus Fuencaliente nach Teneriffa. In den Restaurants erhält man einen auf ›Trinkstärke gemilderten‹ Tropfen.

Farbenfrohe Ausblicke

›La Verde‹, die Grüne, wie La Palma auch genannt wird, hat für Mitteleuropäer das ausgeglichenste, das verträglichste Klima des Archipels. Dennoch beschränkt sich der Tourismus auf wenige, kleine Strandpartien. Dafür meint es die Natur gut. Mannshoher Ginster wechselt mit Heidekraut, Glockenblumen und Pikveilchen leuchten, man riecht Eukalyptus und Lorbeer. Es reifen Birnen, Zitronen und Apfelsinen. Die Natur bestimmt die Farben: hölzern die Lauben, grün wie die Bananenfelder die Bänke, ocker wie die Äcker die Häuser und Paläste.

So paradiesisch sich die Insel darstellt, es gibt Zustände, die den Verantwortlichen auf den Nägeln brennen müßten. Ein schlechter Trost, daß Armut und Arbeitslosigkeit eines Viertels der Bevölkerung Tradition haben. Nach dem Preisverfall für Tabak oder Bananen stehen schon die ersten Bananenplantagen zum Verkauf: für viele, mit einem lachenden und einem weinenden Auge, die ersten Parzellen für Hotel-Urbanisationen.

LA PALMA

Punta de Rabisca
El Roque
Caleta La Zorrita
Caleta de la Furna
Caleta de la Manga
Costa del Arrogante
Costa del Tablado
Costa de Franceses
Fajana Correa
Punta Gaviota
Los Camachos
Punta del Corcho
Faro de Punta Cumplida
El Turco
Punta de Valiero
Roque de las Tabaibas
Punta y Prois de Santo Domingo
Garafía (o Santo Domingo)
Caleta Paso de la Soga
Costa de Triana
Punta de Gutiérrez
Punta Gorda
Llano Negro
Fuente de la Zarza
Don Pedro
El Tablado
Franceses
Gallegos
Barlovento
La Palmita
Laguna de Barlovento
La Cuesta
Punta Salvajes
Roque Negro
Puerto Espíndola
Los Sauces
San Andrés y Sauces
Punta Gorda
San Andrés
Piscina Natural Charco Azul
Los Tilos
Punta El Guincho
La Galga
Callao de Nogales
Playa de Nogales
Cueva del Infierno
Cubo de la Galga
Ermita de San Bartolomé
El Granel
Punta Salinas
Puntallana (o San Juan de Puntallana)
Punta Sancha
Santa Lucía
Puerto Trigo
Punta Santa Lucía
Caleta de la Sancha
Costa de Miranda
Miranda
Las Tricias
Puntagorda
Punta del Serradero
Las Moradas
Pico de Fuente Nueva
Roque de los Muchachos
Observatorio Astrofísico
Caldera de Taburiente
Pico de la Cruz
Piedra Llana
Pico de las Nieves
Panorama
La Ensillada
Playa de Camarino
Tinizara
Tijarafe
Playa de la Veta
La Cofradía
Playa de las Vinagreras
Playa de Jurado
Somada Alta
Parque Nacional
Roque Idafe
Hoya Grande
Pico del Cedro
El Corralejo
Lomo de la Choza
Panorama La Cumbrecita
Las Nieves
Castillo de Santa Catalina
Punta de Santa Catalina
Museo Naval Barco de la Virgen
Santa Cruz de la Palma
Santa Cruz (Tenerife)
Punta de la Corvina
Punta del Moro
Mirador El Time (Restaurante)
Los Llanos de Aridane
El Paso
Ermita Virgen del Pino
Buenavista de Abajo
Mirador El Risco
Playa de Sajamar
Punta San Carlos
El Fuerte
Playa de Cancajo
Los Cangajos
Punta de Juan Graje
Puerto
Tazacorte
Roques Gabaseras
Triana
Breña Alta
Breña Baja (o San José)
Montaña de Enrique
Cumbre Nueva
Cumbre Vieja
Punta La Vía
Monte de Breña
Punta Ganado
Aeropuerto de la Palma
Playa del Hoyo
El Roque Punta Cumplida
El Pueblo (Villa de Mazo)
Roques de las Hermanas
Playa Nueva
Tajuya
Los Barriales
Llano del Blanco
Volcán de San Juan
Las Manchas
Roques del Becerro
Puerto Naos
Jedey
Playa del Pozo
Cerro Jedey
Charco Verde
Cueva del Belmaco
Malpaises
Punta del Moro
Playa del Burro
Playa Arenas Blancas
Cráter del Hoyo Negro
Deseada
Nambroque
Tigueorte
Tigalate
Playa del Azufre
Playa de la Barqueta
Roques de Niares
Punta del Cabestro
Roque y Punta de los Guinchos
Volcán Martín
El Charco
Bahía de los Roques
Bahía de la Balera
Punta del Porís
Monte de Luna
Punta Banco
Playa Martín
Playa del Río
Playa de los Roquitos
Playa y Bajas de Zamora
Las Indias
Las Caletas
Punta del Hombre
Los Roques de Anaga
El Puertito
Fuencaliente de la Palma o los Canarios
Los Quemados
Los Lázaros
Punta Vuelta del Toro
Punta Larga
Volcán de San Antonio
Volcán de Teneguía
Punta Gruesa
Las Cabras
Caleta del Ancón
Punta Malpique
Punta Malpaís
Faro de Fuencaliente
Punta de Fuencaliente
Maßstab 1 : 175 000
km

Wo gibt es was?

Fähnchennummer = Textnummer ⓘ = Auskunft

Santa Cruz de la Palma ①

Der am 3. Mai 1493 vom spanischen Eroberer Alonso Fernández de Lugo gegründete Ort (17000 Einwohner) war im 16. Jh. der bedeutendste der Kanaren. Stolz und Reichtum der alten Handelsstadt spürt man in den Straßen rund um den Markt, im Säulengang des Renaissance-Rathauses (1563) und am Platz der Kirche San Salvador (16. Jh.); im Innern der Kirche die kunstvoll geschnitzte Holzdecke. Daneben das ›Museo de Historia Natural y Etnográfico‹ (täglich geöffnet). Sehenswert auch die Klosterkirchen Santo Domingo (1530) und San Francisco (1503). An die große Zeit von Santa Cruz erinnern auch die Bürgerpaläste in der Calle Real und an der Plaza de España. An der Avenida Marítima, ein dem Meer abgerungener Boulevard, ein halbes Dutzend Häuser mit den typischen Balkon-Galerien. Lohnend der abendliche Spaziergang durch die Prachtstraße O'Daly (Fußgängerzone) mit Patrizierhäusern. Die Stadt ist terrassenförmig in den steilen Felshang gebaut; ihre Gassen sind schmal und steil.
Unweit der Festung ›Castillo de Santa Catalina‹ (16. Jh.) die Nachbildung der Karavelle ›Santa María‹, Kolumbus' Flaggschiffes, mit dem er 1492 Amerika entdeckte. In dem Bau das ›Museo Naval‹; das Schiffsmuseum zeigt einige Erinnerungsstücke aus alten Seefahrtstagen (sonntags geschlossen).
An der Avenida Marítima und rund um den Markt im Zentrum gibt es zahlreiche Bars. In dem Bistro »Placeta« sorgt der schottische Wirt für eine feine kanarische Küche. Zum Übernachten empfiehlt sich der »Parador Nacional« im spanischen Kolonialstil; preiswerter und einfacher das »Canarias«.
Santa Cruz ist das kanarische Zentrum der Zigarrenfabrikation; in vielen Werkstätten kann man Männer bei der Herstellung der geschätzten ›Palmeros‹ erleben. Es werden kanarische und kubanische Tabake verarbeitet.
Sechs Kilometer vom Zentrum entfernt liegt der Wallfahrtsort *Las Nieves*. Mittelpunkt ist die Kirche ›Santuario de Nuestra Señora de las Nieves‹. Alle fünf Jahre (wieder im Juni/August 1990) wird hier zu Ehren der ›Jungfrau vom Schnee‹ eines der schönsten kanarischen Feste gefeiert. In der Kirche sind sehenswert die Holzschnitzereien, die schweren mexikanischen Silberleuchter, der mit Silberschmuck überbeladene Altar mit der Madonna.
Südlich des Flughafens liegen einige erreichbare Badebuchten; bei klarem Wetter sind Teneriffa, Gomera und Hierro zu sehen.
Hinter *Mazo* mit seiner schön ausgestatteten Kirche San Blás (1512; bekannte Fronleichnamsprozession) bei *Malpaises* die ›Cueva del Belmaco‹; in der bescheidenen Wohnhöhle eines Guanchenhäuptlings sind drei größere Steine zu sehen, in die die Altkanarier bis heute noch nicht gedeutete Zeichen und Spiralen graviert haben.
ⓘ Oficina de Turismo, Calle O'Daly 22, Santa Cruz de La Palma.

San Andrés y Sauces ②

Serpentinenreich windet sich die Straße durch Bananenplantagen, die hier in der regenreichen Küstenregion als Hauptkulturpflanze angebaut werden. Sehenswert in *Los Sauces* die ›Nuestra Señora de Monserrat‹ (17. Jh.) in der Kirche. Naiv bemalt wurden im Hafen von *Espinola* die mannshohen Betonwürfel, die den Fischereihafen vor der Brandung schützen sollen.
Vom Leuchtturm an der Punta Cumplida, der eindrucksvoll das Ende der schroffen Küste markiert, führt ein schmaler Weg zum Brandungsbad bei der Punta del Corcho.
Wer Sinn für botanische Vielfalt hat, der fährt den Weg zum ›Cubo de la Galga‹ im gleichnamigen Barranco, wo – wie auch in der Schlucht ›Los Tilos‹ im ›Barranco del Agua‹ – zwischen steilen Felsen seltene Pflanzen gedeihen.

Barlovento ③

Landwirtschaftlich orientierter Ort mit Rinderzucht; bei Trockenheit grasen die schwarzweißen Kühe auf der beinahe kreisrunden ›Laguna de Barlovento‹. In der Kirche eine flämische Schnitzmadonna.
Durch die schöne Terrassenlandschaft führt die kurvenreiche Straße nach *Gallegos*. Unterhalb des Aussichtspunktes ein ›Wald‹ von Drachenbäumen; diese für die Kanaren charakteristischen Liliengewächse, mehr als 1000 Jahre alt, erreichen eine Höhe von bis zu 20 Meter. Abenteuerlich (und anstrengend) die Piste nach *Llano Negro* durch eine urwüchsige und schluchtenreiche Landschaft und einfache, in den Fels gesprengte Tunnel. An der ›Fuente de la Zarza‹, der Dornbuschquelle, vorgeschichtliche Felsgravierungen in Spiralform.

Los Llanos de Aridane ④

Die Stadt (16000 Einwohner) ist das landwirtschaftliche Zentrum der Insel. Von der belebten Plaza – alte Lorbeerbäume spenden Schatten – führen Gassen mit weißgekalkten Häusern und hohen Fenstern und Türen in die Stadt. In der Kirche eine rund 400 Jahre alte Madonnenstatue. Zahlreich die Bars; ordentlich »El Sombrero«, oberhalb des Ortes gelegen.
Der ›Barranco de las Angustias‹ führt mitten hinein in den Krater ›Caldera de Taburiente‹, seit 1954 Nationalpark. Die ›Schüssel‹ von La Palma stand Pate für den geologischen Fachbegriff ›Caldera‹ für ein erkaltetes Kraterbecken. Einen guten Überblick über das Zentrum des rund zehn Kilometer Durchmesser besitzenden Felsenrunds hat man von ›La Cumbrecita‹ (1833 m). Schmale Pfade führen in die tiefen Kiefernwälder des Nationalparks.
Eine gut ausgebaute Straße führt von Santa Cruz in Serpentinen 43 Kilometer beinahe bis zum Gipfel (2426 m) des Roque de los Muchachos, der höchsten Erhebung des Kraterrings. Hat man die Baum- und Wolkengrenze hinter sich gelassen, erwartet einen ein wunderschöner Weitblick zum Pico de Teide auf Teneriffa. Empfehlenswert ist der Weg auch, weil dort das europäische astronomische Zentrum steht, hier, wo es den klarsten Himmel auf Erden gibt. Mit sechs Meter Durchmesser steht hier eines der drei größten Teleskope der Welt. Ein Wanderweg führt durch die Gebirgslandschaft zum Pico de las Nieves mit herrlichem Blick.

Tazacorte ⑤

Am 29. September 1492 landeten die ›Conquistadores‹ in dieser Bucht, um La Palma – mit vollem Namen San Miguel de la Palma und Sankt Michael gewidmet – für die spanische Krone zu erobern. Das Dorf (7000 Einwohner) liegt am Ausgang des ›Barranco de las Angustias‹, der Schlucht der Todesängste. Lohnend ein Ausflug mit dem Boot zur Grotte ›Cueva Bonita‹; den Preis muß man mit den Fischern an der Imbißbude aushandeln. Einige Fischlokale am Ende des Dorfes (guter Fisch, aber viel zu teuer).

Fuencaliente ⑥

Bekannter Weinort der Insel. Es werden pro Jahr mehr als 2,7 Millionen Liter Wein von der aus Kreta stammenden Malvasier-Traube produziert.
Südlich des Dorfes der Volcán de Teneguia. Am 26. Oktober 1971 wurde dort der letzte Ausbruch registriert. Über mehrere Wochen lang sprühte der Vulkan aus 26 Löchern Feuer und Asche. Sonderflugzeuge brachten Neugierige aus aller Welt hierher. Am Vulkan steht heute ein Schild, daß es verboten ist, Lavasteine als Souvenir mitzunehmen.

Schwer zu e

Auf den ersten Blick erscheint Gomera als handliche Insel, die man rasch erobern zu können glaubt. Auch die spanischen Konquistadoren dachten so und wurden schnell eines anderen belehrt. Auch heute läßt sich das Eiland nicht im Handumdrehen erobern, dafür ist die Landschaft zu zerklüftet, verlangen die Straßen äußerste Konzentration. Abseits der Wege zeigt sich der regenreiche Fels im Atlantik abenteuerlich, fordert die Natur den Eindringling heraus.

Foto: Exotisch wirkt die Insel im Valle Gran Rey, was übersetzt Tal des großen Königs heißt.

-obern: wildes Gomera

△ Die Fähre in San Sebastián, einzige Verkehrsverbindung zur Welt

△ Gomeras Bergland im Nordosten

△ Aus der Zeit der Eroberer: die Kirche ›La Asunción‹ in San Sebastián

△ ›Torre del Conde‹ und am »Parador« ▽

Eines der Dörfer an der ›Carretera del Norte‹ ▽

Hinter Agulo ragt der rund 50 Kilometer entfernte Pico de Teide über den Wolken auf ▽

Von weitem nur Felsen und Wildnis

Gleich einem Felsblock, den ein Riese in den Ozean gelegt hat, um ihn leichter überqueren zu können, erhebt sich Gomera – steil und einsam. Knapp zwei Stunden benötigt die nach einem Guanchenfürsten ›Benchijigua‹ benannte Fähre für die Überfahrt von Teneriffa. Von See aus zeigt sich das Eiland schroff und abweisend. Gut sind die tief eingeschnittenen Barrancos, die Schluchten, zu erkennen. Typisch für das Landschaftsbild und ein Werk des unermüdlich anbrandenden Atlantiks und der Sturzbäche, die seit Jahrmillionen von der Höhe herabstürzen.

Kolumbus blieb vier Wochen

Für seine Überfahrt nach Amerika wollte Christoph Kolumbus, aus Las Palmas kommend, auf Gomera eigentlich nur seine Wasservorräte ergänzen. Er blieb aber vier Wochen, bevor er am 6. September 1492 von San Sebastián aus mit seinen drei Karavellen ›Santa Maria‹, ›Pinta‹ und ›Niña‹ nach Westen aufbrach, um den Seeweg nach Cipangu, nach Indien, zu finden. Die einzige Sicherheit, die er bei dieser Reise hatte, war der Passatwind, der, wie erwartet, gleichmäßig mit Windstärke vier die drei Schiffe über den Atlantik blies. Auch auf seinen weiteren Amerikareisen machte der Entdecker auf Gomera einen Zwischenstop – seitdem nennt sie sich ›Isla Columbia‹. Nach der – immer wieder gern erzählten – Überlieferung galt seine Liebe nicht der Insel, sondern der schönen Doña Beatriz de Bobadilla, Witwe Hernán Perazas, des Grafen von Gomera.

Der Tod des Inseltyrannen

Im Jahre 1445 gelang es Hernán Peraza als erstem Spanier, sich auf Gomera festzusetzen. Weil es den Eroberern unmöglich war, die Guanchen auf Anhieb zu besiegen, bauten sie San Sebastián als Brückenkopf und Festung aus. Der ›Torre del Conde‹ ist noch sichtbares Erbe.

△ Beeindruckend und tropisch: das Valle Gran Rey

△ Playa Calera an der ›Mündung‹ des Valle Gran Rey

Bescheidene Verhältnisse herrschen abseits der Zentren vor ▽

Der Hafen von Playa Calera ▽

Treffpunkt für Aussteiger auf Zeit: die kleinen Bodegas in La Playa Calera ▽

Vallehermoso: ein Wirt hinter seinen Flaschen, immer bereit für ein freundliches Wort ▽

Aus Rache für seine blutige Herrschaft über den ›befreiten‹ Teil der Insel wurde Peraza in der Höhle seiner Guanchen-Geliebten erschlagen. Diesem Zeichen folgte ein Aufstand, Doña Beatrice mußte in den ›Torre‹ flüchten, aus dem sie erst von dem ihr zu Hilfe gekommenen Konquistadoren Pedro de Vera befreit wurde.
Die Einheimischen wurden getötet oder als Sklaven verkauft – ein klarer Verstoß gegen ein königliches Dekret. De Vera kam ins Gefängnis, und die Doña heiratete Fernández de Lugo, den königlichen Verwalter von Teneriffa, La Palma und Gran Canaria. Damit war sie mächtigste Frau der kolonisierten Kanaren geworden.

Die gepfiffene Sprache

Die UNO hat ›El Silbo‹, die im Aussterben begriffene ›Sprache‹ von Gomera, in die Liste der zu beschützenden Weltkulturgüter aufgenommen. Mit dem ›Pfiff‹ verständigten sich die Bewohner über die unzugängliche Berglandschaft hinweg. ›El Silbo‹ gibt es auch noch auf Hierro und war in vorspanischer Zeit auch auf Teneriffa und La Palma bekannt. Kunstvoll wird der Pfeifton in Tonhöhe, Länge und Stärke variiert, wodurch er zu einer ›vielsagenden‹ Verständigungsmöglichkeit wird – bis zu vier Kilometer weit. Mittlerweile lernen die Inselkinder die traditionsreiche ›Sprache‹ auch in der Schule.

Tanz der Geister

Die Insel ist exotisch. So exotisch, daß bis heute der Glaube an Hexen und übernatürliche Geister lebendig geblieben ist. Im Barranco bei dem Weiler Tazo werden noch Rituale im Hexenkult abgehalten. Unweit von Chorros de Epina gibt es den ältesten Platz für Geisterbeschwörungen. An Hütten, Häusern, Ställen sind nach wie vor sichtbare Zeichen des alten Kults angebracht: gekreuzte Reisigbündel, getrocknete Eidechsen, aufgeschichtete Steinhügel mit magischen Zeichen. Man kann noch einiges finden in abgelegenen Gegenden.

GOMERA

Maßstab 1 : 150 000

0 1 2 3 4 5 km

Wo gibt es was?

Fähnchennummer = Textnummer ⓘ = Auskunft

San Sebastián de la Gomera ①

Nach wie vor ist das Schiff einzige Verbindung der Insel und ihrer Hauptstadt (6500 Einwohner) zur Welt; es kommt zweimal täglich von Los Cristianos auf Teneriffa. Einen Flughafen gibt es nicht; er ist erst in Planung.
Auffallendstes und ältestes Bauwerk ist der 15 Meter hohe ›Torre del Conde‹ (1447); der Turm mußte wiederholt Belagerungen von Piraten standhalten, denn hier wurden Gold und Silber aus den mexikanischen Minen zwischengelagert. In der Kirche ›La Asunción‹ erflehten die spanischen Eroberer wie Cortez oder Pizarro den Segen für ihre blutigen Feldzüge; auch Kolumbus soll hier ein letztes Mal vor seiner ersten Reise gebetet haben. Schön die bunten Holzaltäre; die anderen Kunstschätze raubten die Piraten. Am Marktplatz Calvo Sotelo mit den charakteristischen Lorbeerbäumen finden sich einige Bars. In der vorgelagerten Bucht mit dem Kieselstrand planschen vor allem Kinder. Einen weiten Ausblick über Hafen, Meer und Stadt hat man vom 70 Meter hoch gelegenen »Parador Nacional«. Es ist das beste Hotel der Insel (1972 eröffnet) und liegt, im kanarisch-andalusischen Stil eingerichtet, in einer weiten Parkanlage, in der Apfelsinenbäume und Kakteen grünen und bunte Papageien die Besucher mit Frechheiten schocken.
Das Patronatsfest zu Ehren des heiligen Sebastian wird am 17. Januar gefeiert, und alle fünf Jahre findet das Fest ›Nuestra Señora de Guadelupe‹ statt (wieder Oktober 1988).
ⓘ Cabildo Insular, Calle del Medico 20, San Sebastián de la Gomera.

Playa de Santiago ②

Aufregend steil führt die ›Carretera del Sur‹ hinab zum Fischerdorf Santiago. Bis vor einigen Jahren konnte man es nur mit dem Boot erreichen. Das Dorf hat die meisten Sonnentage der Insel und bekommt am wenigsten Regen. Bodegas und einige Zimmervermieter stellen sich langsam auf den Tourismus ein. Ein Schiff zwischen San Sebastián und Vueltas im Valle Gran Rey fährt auch Santiago an: eine reizvolle Alternative zur anstrengenden Autotour durch das Inselinnere.

El Cercado ③

Ein winziges Bergdorf, in dem noch nach althergebrachten Methoden getöpfert wird. In ihren halbdunklen Werkstätten sitzen die Frauen und Mädchen und formen aus einheimischem Ton und ohne Töpferscheibe Krüge, Kannen, Schalen, Schüsseln und Weingefäße. Auf die fremden Besucher ist man inzwischen eingestellt: Schilder verweisen darauf, daß man fotografieren darf. Im Ort findet man noch einige von den alten Bauernhäusern mit den typischen glutroten Ziegeln.
Auf der Hochfläche erhebt sich der rund 1240 Meter hohe Basalttisch ›Fortaleza de Chipude‹ (Festung von Chipude) mit Steinmauern aus altkanarischer Zeit.

Valle Gran Rey ④

Von der sich steil und schmal windenden Straße hat man einen weiten Ausblick über das langgestreckte Tal. Die tiefe Schlucht Valle Gran Rey, eingegrenzt von hohen unzugänglichen und daher bis heute unerforschten Felsen, wirkt von der Höhe aus abweisend. Im Tal finden sich aber ausgedehnte Terrassenfelder und Palmenhaine, die dann den großen Bananenplantagen Platz machen, verborgen hinter den unansehnlichen Betonmauern.
Dieses ›Tal des großen Königs‹ rund um den Ortskern *La Calera* mit seinem Kieselstrand ist das touristische Zentrum von Gomera. Unweit davon liegt die ›Playa del Inglés‹ mit dem schwarzen Kieselstrand.
Im gesamten Ortsgebiet werden zwischen 4000 und 5000 Betten vermietet, eine Zahl, die aber bei weitem nicht ausreicht, in den Wintermonaten jedem Touristen ein Bett zu garantieren. Darum wird weiter gebaut. Und seit der Preis für Bananen ins Uferlose rutschte – für ein Kilo bekam der Plantagenbesitzer nicht mehr als 30 Peseten, umgerechnet etwa 45 Pfennige –, setzt man erst recht auf den Tourismus – wobei man nicht nur an die sogenannten Aussteiger, meist auf Zeit, denkt.
Die Preise für die einfachen Zimmer sind (noch) erstaunlich günstig, verglichen mit den anderen Inseln. Die besten Restaurants befinden sich in Calera. Durch den Boom sind einige Restaurants im Angebot schlechter geworden. Viele Besucher verpflegen sich selber: besser, preiswerter und appetitlicher. Neben der ›Playa del Inglés‹ (Strand der Engländer oder Hergelaufenen, wie die Einheimischen sagen) findet man noch Bademöglichkeiten an der ›Playa de Calera‹ und der ›Playa Vueltas‹.

Arure ⑤

Das Bergbauerndorf war in altkanarischen Zeiten Hauptsiedlungsgebiet der Guanchen. Richtung Norden überquert man ›La Zarxa‹ in 1015 Meter Höhe. Unterhalb der Quelle ›Chorros de Epina‹ ein Lorbeerwald; interessante Felsformationen sind zu sehen. Auf dem weiteren Weg gehen Zuckerrohrplantagen in solche von Bananen über, wechseln mit tiefeingeschnittenen Tälern. Entsprechend der Landschaft ändert sich das Wetter von knallender Sonnenhitze in windige Kälte.

Vallehermoso ⑥

Am sogenannten Hundefelsen (›Roque de Cano‹, 646 m) mit seinen beinahe senkrecht abstürzenden Felswänden vorbei kommt man nach Vallehermoso (8000 Einwohner), eine Gemeinde aus neun Ortschaften. An der Plaza gibt es in den ›Tiendas‹ (Bar und Laden) ›Miel de Palma‹ zu kaufen, eine süße honigartige Inselspezialität aus dem abgezapften Saft der Dattelpalme.
Eine staubige Piste führt zur ›Playa von Vallehermoso‹. Ein Schild verbietet am Kieselstrand das Nacktbaden. Bei Bedarf werden Bootstouren zu den berühmten Vulkanitsäulen ›Los Organos‹ angeboten (Auskunft in der Bar »La Plaza«). Dieses eindrucksvollste Naturmonument der Insel ist eine gewaltige Ansammlung aus mehreren Tausend, meist fünfeckigen Basaltsäulen, die gleich Orgelpfeifen in das Steilufer eingefügt zu sein scheinen.

Hermigua ⑦

Die ›Carretera del Norte‹, gut ausgebaut, windet sich in Serpentinen durch die reizvolle Berglandschaft und das langgestreckte Dorf Hermigua zum Ort *Agulo*. In Hermigua lohnen die kleine Klosterkirche (16. Jh.) und das winzige Heimatmuseum mit seiner Sammlung landwirtschaftlicher Geräte. Schön der Blick über das malerische Agulo und den Pico de Teide weit in der Ferne, umgeben von seinem typischen Wolkenkranz.
Rund um den Roque de Ojila liegen die dichten Bergwälder des ›Bosque del Cedro,‹ die eindrucksvollsten des Archipels. Die meisten Bäume mit gewaltigen Stämmen sind mehrere 100 Jahre alt; selbst die Farne, die hier wuchern, werden aufgrund der feuchten Bodenverhältnisse gut mannshoch. Weil die Landschaft weitgehend noch der der westlichen Kanaren in vorspanischen Zeiten entspricht, wurde dieses zentrale Bergland 1979 zum ›Parque Nacional de Garajony‹ erklärt – ein Dorado für Wanderer und Naturfreunde.
Alljährlich wird die abgelegene Kapelle ›Ermita de Nuestra Señora de Lourdes‹ zum Schauplatz einer ausgelassenen ›Fiesta‹ (letzter August-Sonntag).

Der fast vergesse

›La Isla del Hierro‹ – so lautet der vollständige spanische Name – ist die westlichste der Kanaren, die kleinste des Archipels und mit rund drei Millionen Jahren auch die jüngste der Vulkaninseln. Weil die Insel eine der schönsten Buchten in Halbmondform hat, nennt man sie auch die Halbmondinsel. Geologen sehen in diesem Halbrund den Rest eines halb untergegangenen, gigantischen Kraters. Bei den Altkanariern hieß ›Herro‹ nichts anderes als Wasserbehälter, obwohl gerade Wasser das heikle Thema dieser Insel ist.

Foto: An der Punta Grande zeigt sich Hierros Küste von ihrer bizarren Seite.

ne Außenposten Hierro

△ Mitten in Valverde auf Hierro . . .

△ . . . liegt das kleine Museum von Juan Padrón

△ Schon 1544 stand hier in Valverde eine Kirche: ›La Concepción‹

△ Ansatz zu modernem Tourismus in Tamaduste . . .

. . . und Tradition in Form des Lastträgers Esel ▽

△ Blick vom ›Mirador de la Peña‹ auf die zerklüftete Küste des Golfo

Basaltsäulen mitten in der formlosen Lava ▽

Aus den Wolken hinab ins Azur von El Golfo

Über dem Gipfel des Pico del Malpaso hängt eine geschlossene Wolkendecke. Begleitet vom Geräusch des Scheibenwischers, geht die Fahrt durch die steilen Haarnadelkurven der Höhenstraße – um plötzlich in strahlender Sonne zu enden. Wie gemalt liegt in strahlendem Azurblau die Bucht El Golfo dem Reisenden zu Füßen. Eine Welt voller Zauber und Schönheit, die mehr einem Garten Eden als einer öden Vulkaninsel gleicht. Da wachsen und reifen Tabak und Tomaten, Kartoffeln und Kirschen, Wein und Papayas. Liebliches grenzt an Bizarres. Die Küste ist zerklüftet, unzugänglich. Birgt tiefe unergründliche und unerforschte Grotten.

In den steilen Felsen bei Punta Grande gibt es noch ›Drachen‹: Echsen, die sich ähnlich denen auf den Galapagos-Inseln seit Jahrmillionen nicht verändert haben. Seit ein besessener Biologe die Tiere untersuchen wollte und sie dabei fast ausrottete, haben sie sich in unzugängliche Grotten zurückgezogen.

Die Geschichte vom Regenbaum

So unglaublich es klingt: Auf dieser eben geschilderten Insel fehlt Wasser. Schnell versickert der Regen in dem porösen Vulkangestein. Und so war es ein großes Unglück für die Bewohner, als am 7. April 1612 ein furchtbarer Wirbelsturm den wasserspendenden – und deshalb als heilig verehrten – ›Arbol Santo‹ zerstörte. 80 Hektoliter Wasser soll dieser Baum Tag für Tag ›abgetropft‹ haben.

Aber ein wenig von dieser besonderen Eigenschaft steckt in jeder Kanarischen Kiefer: Sie fängt mehr Wasser auf, als sie selber verbraucht. Dies macht man sich heute zunutze. Es werden große Betonrinnen in die Wälder gelegt, in denen sich das ›abgezapfte‹ Wasser aus den Bäumen sammelt und in unterirdische Zisternen fließt.

△ Reizvoll der Kirchturm von Frontera auf einem Vulkanhügel über dem Ort

△ Am Malpaso: Der Wald bringt Wasser

△ Zedernwacholder in der ›Dehesa‹

△ ›Faro de Orchilla‹ . . . . . . und Bananen im fruchtbaren Golfo ▽

Durch den Zedernwald bei ›Hoya de Morcillo‹ kommt man zu den ›Letreros‹ ▽

In traditioneller Bauweise, komfortabel und abgelegen: der »Parador Nacional del Hierro« ▽

Mehr Licht – nicht um jeden Preis

Jeder Tourist auf Hierro fällt sofort auf, denn auf der Insel werden nicht mehr als 300 Gästebetten bereitgehalten. Nun will man die Zahl auf das Zehnfache erhöhen, es gibt Berichte, daß ein amerikanischer Militärhafen angelegt, daß das Elektrizitätswerk vergrößert werden soll. Auch die ›Herreños‹ möchten ihre 25-Watt-Lampe gegen eine 75-Watt-Lampe austauschen.

Bei allen Fortschrittswünschen hängen aber gerade die Bewohner der ›vergessenen Insel‹, wie Hierro immer wieder genannt wird, an vielem Althergebrachten. Die ›Fiesta‹ zu Ehren ihrer Inselschutzheiligen, der ›Virgen de los Reyes‹, gehört unbedingt dazu und ›Lucha Canaria‹. Diese speziell kanarische Form des Ringkampfes hat auf Hierro seine begeistertsten Anhänger.

Am Ende der Alten Welt

›Punta de Orchilla, das letzte sichtbare Zeichen der europäischen Welt‹, notierte Christoph Kolumbus am 3. Oktober 1493 auf seiner zweiten Amerikareise in sein Bordbuch. Was der Amerika-Entdecker da aufschrieb, war nicht neu. Bereits im zweiten nachchristlichen Jahrhundert hatte Claudius Ptolemäus ›seinen‹ Nullmeridian durch die Punta de Orchilla gelegt. Französische Geografen folgten 1634 ihrem alexandrinischen Kollegen. Auch sie bezeichneten die Punta als westlichsten Punkt der Alten Welt. Erst 1883 wurde der Nullmeridian ins englische Greenwich verlegt.

Das Bild, das seinerzeit Kolumbus vor sich sah, hat sich kaum verändert. Auch heute noch ist die Landschaft verlassen, felsig, schwer zu erreichen. Und doch hat gerade dieser Fleck auf den Kanaren, wo nach mittelalterlichen Vorstellungen die bewohnte und bewohnbare Welt aufhörte – finis terrae, wer weiter wollte, mußte zwangsläufig in einen bodenlosen Abgrund stürzen –, einen eigenen Reiz: Die Stille, die immerwährende Dünung des Ozeans können durchaus die Gedanken beeinflussen.

HIERRO

Maßstab 1 : 150 000
km 0 1 2 3 4 5

Wo gibt es was?

Fähnchennummer = Textnummer ⓘ = Auskunft

Valverde ①

Weitflächig erstreckt sich die Inselhauptstadt (4000 Einwohner) mit ihren Stadtteilen El Cabo, Tesina und La Calle auf einem Bergrücken in etwa 600 Meter Höhe. Sie wurde 1405 an einem bereits von Guanchen besiedelten Ort gegründet, ein Jahr nachdem Jean de Béthencourt durch Verrat die Inbesitznahme der Insel möglich gewesen sein soll. Es folgte ein Jahrhundert wechselnder Herren. Anschließend war Hierro bis 1812, wie Gomera, Fuerteventura und Lanzarote auch, ein ›Señorio‹, ein feudalherrschaftliches Lehensgut.
Der zentrale Platz ist die Calle San Francisco. In ihrer Umgebung sind der Taxistandplatz, Geschäfte, Post, Bushaltestelle und die beiden Bodegas »Los Reyes« und »Zabagu« zu finden, in denen man nicht nur gut essen kann, sondern auch alle Inselneuigkeiten erfährt.
Sehenswert die Kirche ›Santa María Iglesia de la Concepción‹ (18. Jh.). Das dreischiffige Kirchenschiff ruht auf den Resten einer Kirche von 1544; der Boden ist festgestampfter Lehm; im Kirchenschiff zahlreiche Heiligenskulpturen, Zeugnisse intensiver Religiösität.
Außer dem ›Museo Insular‹ (Zeugnisse der Guanchenzeit, Keramiken) gibt es das private Heimatmuseum ›Casa Juan Padrón‹ mit Funden aus der Guanchenzeit, Werkzeugen und Feldgerät, die der Eigentümer Juan Padrón in 20jähriger Sammlertätigkeit zusammengetragen hat. Man sieht eine Originalküche, eine Wohnstube und eine Kapelle in dem schönen alten Haus mit Patio (nicht regelmäßig geöffnet).
Am 8. Dezember wird die ›Fiesta de la Purisima Concepción‹ gefeiert und am 15. Mai die ›Fiesta de San Isidro‹.
ⓘ Patronato de Turismo, Cabildo Insular, Doctor Quintero Magdaleno, Valverde.

Puerto de la Estaca ②

Wenn die Fähren dreimal in der Woche hier anlegen, erwacht der winzige Hafen zum Leben. Mehr noch als der Flughafen in der Nähe des Ferienortes *Tamaduste* verbindet die Estaca-Mole die Insel mit dem Rest der Welt. Über die Organisation der Taxifahrer ›Sociadad Cooperativa de Transportes‹ erhält man unter anderem auch Leihwagen.
Von Puerto führt eine serpentinenreiche Straße die Küste entlang zum »Parador Nacional del Hierro«. Das anspruchsvollste Hotel der Insel liegt in einer windigen und einsamen Bucht; der Strand besteht aus schwarzen Kieseln. Ein Ort für den, der Ruhe, Stille und sonst gar nichts sucht.

La Restinga ③

Der kleine Fischerort mit einigen Pensionen und auch Appartements besitzt einen neuen Hafen. Wer besonders an Tauchen, Schnorcheln und Surfen interessiert ist, wird sich hier wohl fühlen. Über den von einem Zedernwald umgebenen Picknickplatz ›Hoya de Morcillo‹ gelangt man auf die Piste, die zu den altkanarischen Steininschriften ›Los Letreros‹ führt. Die erst 1870 entdeckten Schraffuren und Spiralen konnten bis heute noch nicht enträtselt werden.

Sabinosa ④

Im äußersten Westen von El Golfo liegt der abgelegene Weiler. Dank der einsamen Lage haben sich hier noch einige alte Bräuche erhalten, Lieder und Tänze. Der Tanzgruppe aus Sabinosa begegnet man auf jedem Inselfest.
Über eine neue Straße erreicht man *Pozo de la Salud*, das ›Heilbad‹. Sein radioaktives Heilwasser enthält 30 Mineralien und ist gut für Magen-, Darm- und Blasenkrankheiten. Es gibt bereits einen kleinen Kreis von Stammkunden, ein ›Kurhaus‹, und die Inselverwaltung denkt an weiteren Ausbau, um dem Tourismus auf Hierro einen größeren Anreiz zu geben. Anspruchsvollste Pension ist (noch) die »Casa Rosa«.
Eine Piste führt durch den menschenleeren Westen zum ›Faro de Orchilla‹, dem westlichsten Leuchtturm Europas. Wer diesen Punkt erreicht hat, kann sich im Tourismus-Büro eine Urkunde abholen, die bescheinigt, den ›Meridional de España‹ erreicht zu haben.
Die Kapelle ›Santuario de la Virgen de los Reyes‹ ist der religiöse Mittelpunkt von Hierro. Die ›Jungfrau der Heiligen Drei Könige‹ ist Inselpatronin, und ihr Standbild steht in dieser Ermita. Nach der Überlieferung wurde die Statue am 6. Januar 1546 an der Punta de la Dehesa angeschwemmt. Andere Überlieferungen erzählen, die Hirten von ›La Dehesa‹ hätte sie an eben diesem Tag die Madonna von einem Segler gegen Lebensmittel eingetauscht. In der Folgezeit vollbrachte sie ›Regenwunder‹. Zum Dank feiert man seit 200 Jahren alle vier Jahre quer über die Insel das Fest der Inselfeste, eine Mischung aus Prozession, Wallfahrt und Jahrmarkt. In mehreren Tagen wird das Standbild nach Valverde und wieder zurück getragen. Einen Monat dauert diese ›Bajada‹, zu der vor allem die Auswanderer aus Venezuela zum Wiedersehen und Feiern zurückkehren. Beim letztenmal, 1985, waren es rund 30000 Besucher. Wer dann nicht rechtzeitig vorgebucht hat, findet keinen Platz.

Frontera ⑤

Herausragendes Kennzeichen des landwirtschaftlichen Zentrums ist der Glokkenturm, der oberhalb ›seiner‹ Kirche auf einem rostbraunen Vulkankegel steht. Frontera (3000 Einwohner) ist bekannt für seinen guten Wein. Ein bekannter Weinkeller ist die »Bodega Don Matias«.
Eine kehrenreiche Straße führt hinauf in die (wolken-) feuchte Region um das ›Cruz de los Reyes‹ und den Pico Malpaso, den höchsten Inselberg (1500 m). Hier wird in Zisternen das Wasser gesammelt, das die ›verfilzten‹ (flechtenüberzogenen) Zweige der Kiefern und Zypressen den Wolken ›abzapfen‹.

San Andrés ⑥

Ältestes Siedlungsgebiet der Insel ist San Andrés. Einige der 500 Jahre alten Steinhäuser aus der altkanarischen Zeit werden im Moment restauriert. Der Ort ist bekannt für seinen wohlschmeckenden Ziegenkäse: In den Bodegas kann man ihn auf ›Bocadillos‹ (Brötchen) zum Inselwein kosten.
Hinter San Andrés liegt der ›Mirador de Jinama‹ (1240 m). Eine Bergwanderung führt nach Frontera.

Las Puntas ⑦

Das nach Norden geöffnete Halbrund von El Golfo ist der fruchtbarste Teil der Insel. Die Straßen führen vorbei an Ananassträuchern und Avocado-Feldern, an Walnuß- und Maulbeerbäumen oder Bananenplantagen. Einen weiten Blick über diese schöne Landschaft hat man vom ›Mirador de la Peña‹ (mit Bodega) und vom ›Mirador El Golfo‹.
Vor der Küste der 110 Meter hohe ›Roque del Salmór‹; dort sollen Europas einzige (bis zu 60 Zentimeter große) Riesenechsen noch in den unzugänglichen Felsen leben (Fotos der ›Lagarto‹ im ›Museo Insular‹ in Valverde).
Eine weitere Natursehenswürdigkeit an der Küste ist die sogenannte Blaue Pfütze, der ›Charco Azul‹ (etwa in Höhe Los Llanitos). Weit spannen sich die Lavabögen über dunklen Felsgrotten; in den Teichen, die sich gebildet haben, leben kleine Fische und Krebse. Die Teiche sind die einzige Bademöglichkeit an dieser zerklüfteten Felsküste.
Rund um Las Puntas entsteht zur Zeit die Feriensiedlung ›Club Punta Grande‹. Auf einer Felsklippe das maritim eingerichtete Restaurant »Punta Grande«; empfehlenswert sind die Thun- und Tintenfischgerichte. Der Blick auf den ›Roque del Salmór‹ ist bei Abenddämmerung faszinierend.

Register

(**Fettgedruckte Ziffern** verweisen auf den Autoatlas)

Bereits erschienen

1 Romantische Straße
2 Ostsee und Holsteinische Schweiz
3 Südschwarzwald
4 Harz
5 Allgäu
6 Bayerischer Wald
7 Oberbayern — Das Hochland
8 Nordschwarzwald
9 Nordsee — Nordfriesland und die Inseln, Helgoland
10 Bodensee
11 Lüneburger Heide
12 Schwäbische Alb
13 Salzburg und Salzburger Land
14 Sauerland
15 Ostfriesland — Die sieben Nordsee-Inseln, Oldenburg
16 Der Rhein zwischen Köln und Mainz
17 Elsaß und Vogesen
18 Eifel
19 Mallorca, Menorca, Ibiza, Formentera
20 Westerwald
21 Fränkische Schweiz
22 Südtirol
23 Odenwald und Spessart
24 Amsterdam
25 Bergisches Land
26 Pfalz und Pfälzer Wald*
27 Venedig und Venetien
28 Berlin*
29 Weserbergland
30 Engadin — St. Moritz, Pontresina, Bad Scuol
31 Münsterland
32 Kopenhagen
33 Kärnten
34 Rhön
35 Toskana — Florenz
36 Niederbayern — Hallertau
37 Niederrhein
38 Bornholm
39 Tirol — Innsbruck**
40 Flandern — Antwerpen, Brügge, Gent
41 Trier
42 Hamburg*
43 Zwischen Elbe und Weser — Bremen
44 Kraichgau und Nördlicher Schwarzwald
45 Jütland
46 Hohenloher Land
47 Vorarlberg
48 Die Mosel
49 Saarland
50 Mainfranken — Steigerwald, Haßberge
51 Osnabrücker und Tecklenburger Land
52 Südlicher Schwarzwald – Hochrhein, Kaiserstuhl
53 Tessin
54 Wien*
55 Mittlerer Schwarzwald
56 Ruhrgebiet
57 Emilia-Romagna – Vom Apennin zur Adriaküste
58 Holstein – Herzogtum Lauenburg
59 Provence
60 München*
61 Teneriffa, Gran Canaria, La Palma, Gomera, Hierro, Fuerteventura, Lanzarote

* auch als englische Ausgabe erhältlich
** auch als französische Ausgabe erhältlich

In Vorbereitung

62 Luxemburg
63 Hessisches Bergland
64 Frankenwald und Fichtelgebirge

Impressum

Alsterufer 4, Postfach 300660, 2000 Hamburg 36, Telefon 040/4151-850.
Geschäftsführer:
Kurt Bortz, Dr. Joachim Dreyer, Erich Förster

Redaktion und Produktion:
Harksheider Verlagsgesellschaft mbH, Fabersweg 1, Postfach 5249, 2000 Norderstedt, Telefon 040/5234075
Redaktion:
Ulrike Klugmann (verantwortlich)
Horst Keppler

Text und Bildrecherche:
Siggi Weidemann, Amsterdam
Exklusiv-Fotografie:
Rainer Kiedrowski und Jürgen Wiese, Düsseldorf
Zusätzliches Fotomaterial:
Kurt Bortz (2)
Siggi Weidemann, Amsterdam (14)
Layout:
Rolf Bünermann, Gütersloh
Kartografie:
RV Reise- und Verkehrsverlag GmbH, Stuttgart

Erscheinungsweise: zweimonatlich

Vertrieb:
Pegasus Buch- und Zeitschriften-Vertriebs-Gesellschaft mbH, Hauptstätter Straße 96, 7000 Stuttgart 1, Telefon 0711/64830, Telex 722971

Satz:
Utesch Satztechnik GmbH, Hamburg
Reproduktionen:
Otterbach Repro GmbH & Co, Rastatt
Druck und buchbinderische Verarbeitung:
Mainpresse Richterdruck, Würzburg
Printed in Germany

ISBN 3-616-06061-3

Titel:
Am Strand von Gran Tarajal auf Fuerteventura

Rücktitel:
Karneval in Puerto de la Cruz auf Teneriffa

HB Bildatlas

Teneriffa

Gran Canaria, La Palma, Gomera, Hierro, Fuerteventura, Lanzarote

Schöningh

EinFach Deutsch

Unterrichtsmodell

Die Künstlernovelle

Joseph von Eichendorff: Aus dem Leben eines Taugenichts

Thomas Mann: Tonio Kröger